Rückfall- und Chronifizierungsprophylaxe bei Depression

Europäische Hochschulschriften

Publications Universitaires Européennes
European University Studies

Reihe VI
Psychologie

Série VI Series VI
Psychologie
Psychology

Bd./Vol. 642

PETER LANG
Frankfurt am Main · Berlin · Bern · New York · Paris · Wien

Christine Kühner /
Matthias C. Angermeyer

Rückfall- und Chronifizierungsprophylaxe bei Depression

Evaluation eines kognitiv-verhaltenstherapeutischen Gruppenprogramms nach P.M. Lewinsohn

PETER LANG
Europäischer Verlag der Wissenschaften

Die Deutsche Bibliothek - CIP-Einheitsaufnahme

Kühner, Christine:

Rückfall- und Chronifizierungsprophylaxe bei Depression : Evaluation eines kognitiv-verhaltenstherapeutischen Gruppenprogramms nach P.M. Lewinsohn / Christine Kühner ; Matthias C. Angermeyer. - Frankfurt am Main ; Berlin ; Bern ; New York ; Paris ; Wien : Lang, 1999
(Europäische Hochschulschriften : Reihe 6, Psychologie ; Bd. 642)
ISBN 3-631-34668-9

ISSN 0531-7347
ISBN 3-631-34668-9

VORWORT

Die derzeitige Praxis der nachstationären Standardversorgung kann bei einer beträchtlichen Zahl depressiver Patienten eine Wiedererkrankung oder Chronifizierung der Symptomatik nicht verhindern. Mangelnde personelle und finanzielle Ressourcen erlauben es nun nicht, allen Patienten nach stationärer Entlassung bzw. zusätzlich zur ambulant-medikamentösen Behandlung unter prophylaktischen Aspekten eine Einzelpsychotherapie anzubieten. Ein Beleg der Effektivität eines zeitlich begrenzten Gruppenprogramms, das bewährte Strategien zur Depressionsbewältigung vermittelt, und die Identifizierung von Erfolgsvoraussetzungen einer solchen Intervention könnte zumindest für einen Teil der betroffenen Patienten eine wirksame Nachbetreuung ermöglichen.

Die Evaluation eines solchen Gruppenprogramms in der ambulanten Nachsorge depressiver Patienten ist Intention der vorliegenden Studie. Der von Lewinsohn et al. (1984) entwickelte „Coping with Depression Course", den wir in der deutschsprachigen Adaptation einsetzten („Depression bewältigen", Herrle & Kühner, 1994), hat sich anhand zahlreicher internationaler Studien als wirksame Intervention bei verschiedenen Risikogruppen für die Entwicklung und Chronifizierung depressiver Beschwerden bewährt. Im deutschen Sprachraum wurde er hingegen bisher nicht systematisch untersucht, insbesondere auch nicht an depressiven Patienten nach Klinikaufenthalt.

Das vorliegende Buch faßt die Ergebnisse einer Studie zusammen, die in den Jahren 1987 bis 1995 am Zentralinstitut für Seelische Gesundheit, Mannheim, durchgeführt wurde. Wir möchten mit der vorliegenden Arbeit nun erstmals einen Gesamtüberblick über die Studienergebnisse geben. Wir berichten über Kurz- und Langzeiteffekte der Intervention, sowie über patientenbezogene Merkmale der Akzeptanz des Gruppenangebots und Prädiktoren des Interventionserfolgs. Der Leser mag anhand der vorliegenden Arbeit auch die praktischen Probleme realisieren, die bei der Implementierung eines solchen tertiärprophylaktischen Programms auftreten. Wir betrachten unsere Studie als einen ersten Schritt der Evaluierung des Gruppenprogramms im klinischen Setting, der Anregungen für weitere Forschungsbemühungen in diesem Bereich geben möchte.

Die vorliegende Studie hätte ohne die großzügige finanzielle Förderung durch den Bundesminister für Forschung und Technologie nicht durchgeführt werden können. Unser Dank gilt deshalb in besonderem Maße dem BMFT, der das Forschungsprojekt „Kognitiv und verhaltensorientierte Gruppenprogramme zur

Rückfallprophylaxe bei Depression (AZ 0701632)“ in Rahmen des Programms „Forschung und Entwicklung im Dienste der Gesundheit: Therapie und Rückfallprophylaxe psychischer Störungen im Erwachsenenalter“ gefördert hat.

Auch der Deutschen Forschungsgemeinschaft ist an dieser Stelle zu danken, die das Projekt „Dimensionen sozialer Unterstützung und Depressive Störungen: Bedingungen erfolgreicher Rehabilitation“ (AZ VE 97/2) finanziell unterstützte. Im Rahmen dieses Projekts zum natürlichen Depressionsverlauf nach stationärer Entlassung, das dem BMFT-Projekt vorgeschaltet war, wurden für die Patienten der ersten Studienphase relevante Baseline- und Verlaufsparameter im Krankheitsverlauf vor Interventionsbeginn erhoben.

Unser herzlicher Dank gilt weiterhin allen Personen, die an der Durchführung der Studie beteiligt waren. An erster Stelle sei den Patienten gedankt für ihre Bereitschaft zur Teilnahme an den zahlreichen, zeitlich umfangreichen Interviews, sowie den kooperierenden Ärzten des Zentralinstituts. Unseren besonderen Dank möchten wir den früheren Projektleitern, Herrn Dr. H. Veiel und Herrn Dr. S. Kaumeier aussprechen, desweiteren den zahlreichen Kollegen, die als Interviewer und Therapeuten an der Studie mitgewirkt haben. Stellvertretend für diese sei hier Dipl.-Psych. J. Herrle genannt, der ganz wesentlich an der Aufbau- und Durchführungsphase des Projekts beteiligt war.

Unser Dank gilt ferner Frau T. Anderz, Frau M.-L. Chebbi und Frau U. Smarz für die Erstellung von Tabellen und Abbildungen sowie für die Manuskriptgestaltung. Herrn Dr. K. Wallat vom Peter Lang Verlag danken wir für die rasche Realisierung unseres Buchprojekts.

Mannheim und Leipzig, im April 1999

Christine Kühner
Matthias C. Angermeyer

INHALTSVERZEICHNIS

1 EINFÜHRUNG

Die rehabilitative Funktion psychotherapeutischer Interventionen im Sinne einer Rückfall- oder Chronifizierungsprophylaxe bei unipolar depressiven Patienten ist im deutschen Sprachraum bisher nicht systematisch erforscht. Die Ursache hierfür dürfte vor allem darin liegen, daß die sich in den letzten Jahren etablierende Psychotherapieforschung ihr Augenmerk zunächst auf die Frage effektiver Ansätze zur Akutbehandlung depressiver Phasen richtete (vgl. Grawe, 1992). Während das hohe Rückfall- und Chronifizierungsrisiko unipolarer Depressionen inzwischen ausreichend dokumentiert ist (z.B. Belsher & Costello, 1988, Keller et al., 1992), mangelt es bisher jedoch u.a. an geeigneten Forschungsstrategien, ausreichend große Risikostichproben zur Untersuchung tertiärprophylaktischer Effekte zu gewinnen und diese über längere Beobachtungszeiträume nachzuverfolgen. Die vorliegende Studie soll hierzu einen ersten Beitrag leisten. Sie hat im wesentlichen folgende Ziele:

1. Die Bestimmung der kurz- und längerfristigen Effektivität eines zeitlich begrenzten kognitiv-verhaltenstherapeutischen Gruppenprogramms (Lewinsohn et al., 1984, Herrle & Kühner, 1994) in der ambulanten Nachsorge depressiver Patienten im Hinblick auf die Rückfall- und Chronifizierungsprophylaxe depressiver Episoden
2. Die Identifizierung krankheitsspezifischer, persönlicher und psychosozialer Prädiktoren des Interventionserfolgs
3. Die Identifizierung relevanter Patientenmerkmale für die Akzeptanz der Gruppenintervention

Mit den hier aufgeführten Zielsetzungen unterscheidet sich die vorliegende Studie in einigen Aspekten von bisherigen Therapiestudien. Diese befaßten sich fast ausschließlich mit therapeutischen Interventionen im Individualformat. Bei den Klienten der Studien von Lewinsohn und Mitarbeitern (vgl. zsf. Lewinsohn et al., 1989), auf deren Programm die Intervention der vorliegenden Studie beruht, handelte es überwiegend um Personen aus der Allgemeinbevölkerung, die über Medien angeworben wurden, und somit nicht direkt vergleichbar mit den hier untersuchten Patienten sind, die ambulant und/oder stationär-psychiatrisch vorbehandelt waren. Weiterhin wurden bisherige Studien in der Regel mit akut depressiven Patienten durchgeführt, die zu Behandlungsbeginn einen definierten Schweregrad der depressiven Symptomatik aufwiesen. Fragestellungen zur rehabilitativen Funktion kognitiv-verhaltenstherapeutischer Interventionen im Sinne einer Rückfall- oder Chronifizierungsprophylaxe erfordern dagegen Untersuchungsdesigns mit längeren Follow-Up-Zeiträumen und sind entsprechend selten, wobei auch hier in der Regel psychotherapeutische Interventionen in der depressiven Akutphase durchgeführt und deren längerfristige Effekte über den Abschluß der aktiven Behandlung hinaus untersucht wurden (vgl. Kapitel 2). Schließlich wurden in bisherigen Studien überwiegend reine Outcome-Vergleiche zwischen verschiedenen Treatmentbedingungen bzw. Treatment- und Plazebobedingungen vorgenommen (siehe z.B. Shea et al., 1988, Hautzinger, 1993). Dagegen mangelt es an Untersuchungen zur Fragestellung, für welche Patienten mit welchen individuellen, krankheitsbezogenen und psychosozialen Voraussetzungen eine spezifische Intervention indiziert ist, also zur Identifizierung von Prädiktoren des Therapieerfolgs (Robinson et al., 1990, Neimeyer & Weiss, 1990). Insbesondere potentielle Prädiktoren aus dem psychosozialen Bereich wurden bislang nur unzureichend berücksichtigt.

In der vorliegenden Studie sollen also Effektivität und Erfolgsvoraussetzungen eines kognitiv-verhaltenstherapeutischen Gruppenprogramms zur Rückfall- und Chronifizierungsprophylaxe bei depressiven Patienten untersucht werden. Diese Fragestellungen sind auch insbesondere deshalb von Relevanz, da fehlende personelle und finanzielle Ressourcen es nicht erlauben, jedem Patienten im Rahmen der nachstationären und/oder ambulant-psychiatrischen Versorgung eine einzelpsychotherapeutische Tertiärprophylaxe anzubieten. Hinzu kommt, daß speziell die Frage einer effektiven Rückfallprophylaxe bei Depressionen durch Interventionen in relativ symptomfreien Intervallen in jüngerer Zeit zwar zunehmend unter konzeptionellen Gesichtspunkten diskutiert wird (vgl. Teasdale et al., 1995), es jedoch an einschlägigen empirischen Befunden hierzu mangelt.

2 STAND DER FORSCHUNG

2.1 Zur Wirksamkeit kognitiver Verhaltenstherapie bei der Rückfallprophylaxe depressiver Erkrankungen

Bisherige Therapiestudien zur Wirksamkeit kognitiver Verhaltenstherapie bei Depressionen wurden fast ausschließlich an Patienten in akuten depressiven Episoden durchgeführt. Während das Hauptaugenmerk dieser Untersuchungen auf der Überprüfung der Wirksamkeit kognitiver Verhaltenstherapie für die Depressions*remission* unter Behandlung lag, untersuchten einige der Studien darüber hinaus die Frage, inwieweit die in der akuten Phase durchgeführte Intervention auch einen Schutz vor zukünftigen Rückfällen in die depressive Episode bzw. gegenüber der Chronifizierung der Symptomatik bietet (Kovacs et al., 1981, Blackburn et al., 1986, Simons et al., 1986, Evans et al., 1992, Shea et al., 1992, Thase et al., 1992, Hautzinger et al., 1996, Gortner et al., 1998).

Die Ergebnisse dieser Studien weisen darauf hin, daß der mittelfristige Depressionsverlauf nach Kognitiver Verhaltenstherapie dem von initial medikamentös behandelten Patienten überlegen oder zumindest vergleichbar ist (vgl. auch Hautzinger, 1993). Aus den Arbeiten geht jedoch auch hervor, daß Patienten, die erfolgreich mit Kognitiver Verhaltenstherapie behandelt wurden, ein substantielles Risiko aufweisen, im ein- bis zweijährigen Beobachtungszeitraum nach Behandlung einen Rückfall in die depressive Episode zu erleiden (> 30%). Dies wird insbesondere deutlich aus den Ergebnissen von Studien, die mit größeren Fallzahlen arbeiteten und stringentere Remissions- und Rückfallkriterien anlegten (z.B. Shea et al., 1992, Thase et al., 1992, Gortner et al., 1998), während aus Studien mit kleinen Zellbesetzungen i.d.R. niedrigere Rückfallraten resultierten. Inwieweit dies auf einen potentiellen Publikationsbias zurückführbar ist, indem Studien mit kleineren Untersuchungsstichproben bevorzugt nur dann publiziert werden, wenn signifikante Effekte resultieren, läßt sich anhand der wenigen Langzeitstudien zum Thema nicht abschließend beantworten. Auf diesen Aspekt verweisen jedoch z.B. Robinson et al. (1990), die in ihrer Metaanalyse über 58 Psychotherapiestudien einen signifikanten Zusammenhang zwischen Stichprobengröße und Effektstärke des Treatments fanden. Danach wurden aus Studien mit kleineren Fallzahlen signifikant größere Behandlungseffekte berichtet, während Studien mit größeren Fallzahlen konservativere und reliablere Schätzungen von Treatment-Effekten lieferten. Vorläufige Auswertungen der ebenfalls mit größeren Fallzahlen arbeitenden Multicenter-Studie von Hautzinger et al. (1996) ergaben insgesamt niedrigere

Verschlechterungsraten im einjährigen Nachbeobachtungszeitraum (< 23%), wobei sich keine statistisch relevanten Unterschiede zwischen den verschiedenen Behandlungsmodalitäten (Antidepressiva, Kognitive Verhaltenstherapie, Kombination) zeigten (p. 141).

Die einzige bisherige Studie, die die Effektivität einer psychotherapeutischen Intervention (hier Interpersonelle Therapie (IPT) nach Klerman et al., 1984) für die Rückfallprophylaxe depressiver Episoden in der *Remissionsphase* untersuchte, ist die der Arbeitsgruppe um Frank und Kupfer (Frank et al., 1989, 1990, Kupfer, 1992, Kupfer et al., 1992). Wegen ihrer grundlegenden Bedeutung für die Fragestellungen der vorliegenden Untersuchung soll diese im folgenden etwas ausführlicher vorgestellt werden.

Die Autoren führten eine randomisierte Drei-Jahres-Studie mit 128 Patienten durch, die bereits eine aktive Behandlungsphase sowie eine Stabilisierungsphase (beides unter Imipramin (IMI) und IPT) durchlaufen hatten und zu Beginn der Erhaltungsphase schon seit mindestens 20 Wochen in Remission waren (Stabilisierungsphase). In die vorgeschaltete Treatmentstudie waren nur Patienten aufgenommen worden, die sich derzeit in der mindestens dritten depressiven Lifetime-Episode befanden und darüber hinaus einen Hamilton-Depressionsscore > 14 sowie einen Raskin-Score > 6 aufwiesen. Die letzte depressive Episode vor der Indexepisode durfte nicht länger als 2.5 Jahre zurückliegen, zwischen diesen beiden Episoden mußten die Patienten über mindestens 10 Wochen gut remittiert sein. Die Studienpatienten stellten damit eine hochselegierte Risikogruppe für rekurrente Depressionen dar (vgl. Lavori et al., 1984, Keller et al., 1982, 1983a, Maj et al., 1992), gleichzeitig war durch das 10-Wochen-Remissionskriterium gewährleistet, daß Patienten mit zugrundeliegender chronischer Störung („double depression", Keller et al., 1983b) ausgeschlossen waren.

Die 128 Patienten in Remission wurden für die Erhaltungsphase in folgende Behandlungsbedingungen randomisiert: ausschließlich IPT (1x monatlich), IPT und Placebo, IPT und Imipramin, Imipramin und regelmäßige Arztgespräche sowie Arztgespräche und Placebo. Patienten in den beiden Imipramin-Bedingungen erhielten dabei therapeutische Dosen, wie sie in der Akutbehandlung verabreicht wurden. Da in dieser Studie das Wiederauftreten depressiver Episoden nach mindestens zwanzigwöchiger Remission (s.o.) untersucht wurde, bezieht sich die hier verwendete Rückfalldefinition nach der Konzeptualisierung von Frank et al. (1991) auf das Auftreten *neuer* Episoden („recurrences").

Ergebnisse aus Survival-Analysen ergaben, daß die aktive Imipramin-Behandlung einen hochsignifikanten Effekt auf die mittlere Zeit bis zum Rückfall im dreijährigen Beobachtungszeitraum hatte (Frank et al., 1989). Der Haupteffekt der Psychotherapiebedingung hatte ebenfalls einen, wenn auch nicht so deutlichen, signifikanten Effekt. Ein fehlender Interaktionseffekt zwischen IPT und Imipramin zeigte an, daß die präventive Wirkung der IPT ohne und mit Medikation ähnlich war. Weiterhin wurde festgestellt, daß bei Patienten, die keine Medikation erhalten hatten, durch IPT die mittlere Zeit bis zum Rückfall signifikant verlängert war. Insgesamt waren also alle aktiven Treatmentbedingungen der Bedingung „Arztgespräche und Placebo" überlegen, wenn auch die mittleren Survivorzeiten der reinen Psychotherapiebedingungen gegenüber denen der aktiven Medikation kürzer waren. Frank et al. (1990) verweisen in diesem Zusammenhang jedoch darauf, daß die „Dosierungen" beider Therapiemodalitäten unterschiedlich waren (Medikation in aktiver Therapiedosis versus monatliche Psychotherapie), und daß die Ergebnisse zur Effektivität der IPT durch eine engmaschigere Therapie möglicherweise noch hätten verbessert werden können.

Die Ergebnisse dieser Studie zur Rückfallprävention depressiver Episoden sind vor dem Hintergrund ihres speziellen Designs zu interpretieren, das die Generalisierbarkeit der Befunde einschränkt. Wie erwähnt, handelte es sich hier um eine selegierte Stichprobe von Patienten mit rekurrenter Depression, aus der chronische Vorverläufe a priori ausgeschlossen waren. Desweiteren muß berücksichtigt werden, daß die untersuchte Stichprobe nur eine Teilgruppe der initial aktiv behandelten Patienten darstellte (ursprünglich hatten 230 Patienten die aktive Behandlungsphase begonnen). Die zugrundegelegten strengen Remissionskriterien für die Aufnahme in die Stabilisierungs- und schließlich Erhaltungsphase und der sonstige Drop-Out führte zu einer Reduktion der Ausgangsstichprobe um mehr als 50%.

Die Intention dieser Studie war es, die prophylaktische Wirkung der Behandlungsbedingungen auf das Wiederauftreten neuer Episoden nach stabiler Remission zu untersuchen, wofür das hier verwirklichte, restriktive Design Voraussetzung war. Aus den Ergebnissen läßt sich jedoch nicht ableiten, inwieweit sich eine präventive psychotherapeutische Intervention auch für Patienten als effektiv erweist, die mit ausgeprägterer Residualsymptomatik bzw. in partieller Remission eine solche Behandlung beginnen.

2.2 Individual- versus Gruppentherapie bei Depressionen

Zur Effektivität von Gruppeninterventionen in der Depressionsbehandlung lagen bis vor kurzem aus der Literatur zur Psychotherapieforschung nur wenige Befunde vor. Ein Grund hierfür mag sein, daß aus traditioneller Sicht das Gruppensetting für die Behandlung Depressiver aus verschiedenen Gründen als ungeeignet betrachtet wurde: Danach ließe ein Mangel an sozialen Fertigkeiten, Passivität und Rückzugsverhalten Depressive zum einen nur wenig von der Interaktion in der Gruppe profitieren, zum anderen wirke sich depressives Verhalten wie Pessimismus und Klagsamkeit negativ auf die Gruppenatmosphäre aus (vgl. Robinson et al., 1990, Yalom, 1992). Teri & Lewinsohn (1986) führen dazu aus:

> "Because depressed clients are often socially unskilled and withdrawn they may lack the necessary energy or skills for becoming involved and benefitting from traditional group intervention. They may be hampered by the lack of personalized attention and the special intimate relationship that can be found in individualized treatment, not group." (p. 216)

Erst in neuerer Zeit werden zunehmend Verfahren, die sich im Rahmen von kognitiv-verhaltenstherapeutischen Einzeltherapien bewährt haben (vgl. Hautzinger et al., 1992), auch systematischer in der Gruppenbehandlung depressiver Patienten eingesetzt (vgl. z.B. Zielke, 1993a, 1993b, Bader, 1994, Fiedler, 1995, 1996). Dabei wird in der Regel ein psychoedukatives Vorgehen bevorzugt, das durch themenzentrierte Bausteine, Strukturierung, Informationsvermittlung und gestufte Aufgaben gekennzeichnet ist. Als klassischer Vertreter dieses Ansatzes gilt das von Lewinsohn et al. (1984) entwickelte Gruppenprogramm, das in der vorliegenden Studie eingesetzt wurde (Beschreibung siehe Kapitel 3.5).

Zwei Metaanalysen zur Effektivität psychotherapeutischer Depressionsbehandlungen (Nietzel et al., 1987, Robinson et al., 1990) beziehen einen expliziten Vergleich von Gruppen- versus Individualbehandlung ein.

Nietzel et al. (1987) führten eine Metaanalyse über 31 Therapiestudien durch, die als Outcome-Maß das Beck Depressions-Inventar (Beck et al., 1961) verwendeten. Neben kognitiven, behavioralen und Kombinationstherapien gingen in diese Analyse jedoch auch 18% andere, nicht näher spezifizierte, Behandlungsansätze ein. Unter Berücksichtigung der Eingangsdepressivität waren Gruppeninterventionen signifikant weniger effektiv als Individualbehandlungen, was sich in einer erhöhten Depressivität der Patienten im Gruppen- versus Individualsetting zu Therapieende ausdrückte. Als Trend zeigte sich, daß in Studien mit Patienten, die über Fremdrekrutierung zur Teilnahme motiviert wurden, eine höhere Residualdepressivität zu Behandlungsende resultierte als in Studien, in denen Patienten auf eigene Initiative Behandlung suchten. Therapiecharakteristika wie Art der Therapie, Therapiedauer, Ausbildungsstand und Anzahl der Therapeuten hatten dagegen keinen Effekt auf den Therapieoutcome.

In der Metaanalyse von Robinson et al. (1990) wurden 58 Therapiestudien berücksichtigt, die stringente Einschlußkriterien im Sinne depressiver Störungen hatten, ein Kontroll- oder Vergleichsgruppendesign verwendeten und primär individuelle Therapieziele fokussierten. Neben Selbstratings wurden hier, soweit verfügbar, auch Outcome-Maße berücksichtigt, die auf Fremdbeurteilung beruhten. Auch in diese Metaanalyse ging ein substantieller Anteil (43%) an Studien ein, in denen nicht kognitiv-behaviorale Therapien eingesetzt waren. Bei einem Vergleich von 16 Kontrollgruppenstudien in Einzeltherapie und 15 Kontrollgruppenstudien in Gruppentherapie fanden sich vergleichbare Effektgrößen für beide Modalitäten. Weitere fünf Studien, die einen direkten Vergleich von individueller und Gruppentherapie vornahmen, ermittelten eine gewisse, jedoch nicht signifikante, Überlegenheit der individuellen Therapiemodalität. Ein weiteres relevantes Ergebnis war, daß die Gruppengröße keinen signifikanten Effekt auf den Therapieoutcome hatte und daß Studien, die mit Therapiemanualen arbeiteten, in ihrer Effektivität denen mit unstandardisierten Formaten vergleichbar waren.

Verschiedentlich wurde die ausschließliche Verwendung von Selbstratings zur Bestimmung der Therapie-Effektivität (z.B. Nietzel et al., 1987) wegen des potentiellen Beurteilungsfehlers der Überschätzung von Therapieeffekten durch die Patienten kritisiert. Interessanterweise zeigte sich jedoch in einer Metaanalyse von Lambert et al. (1986), daß Veränderungen, die über Selbstratings erfaßt wurden, konservativere Schätzungen lieferten als die fremdgeratete Veränderung der Symptomatik. Dagegen fanden Robinson et al. (1990) in der oben aufgeführten Analyse keine Unterschiede zwischen selbst- und fremdbeurteilten Effekten.

Die Interpretation der eher divergierenden Befunde von Nietzel et al. (1987) und Robinson et al. (1990) wird erschwert durch die bereits erwähnte Tatsache, daß beide Metanalysen neben kognitiv-verhaltenstherapeutischen auch andere Therapieansätze berücksichtigten, und somit keine spezifischen Aussagen über die Wirksamkeit kognitiver Verhaltenstherapie in Gruppen getroffen werden können. Ein Nachteil beider Studien dürfte jedoch vor allem in der mangelnden

Berücksichtigung möglicher Interaktionseffekte zwischen Therapiemodalität (individuell versus Gruppe) und bestimmten Patientenmerkmalen liegen.

So schließen z.B. Vander-Voort & Fuhriman (1991) aus ihrer Übersicht zur Effektivität von Depressionsbehandlung in Gruppen, daß bei *schwer depressiven Patienten* eine Individualtherapie vorzuziehen sei. Im Zusammenhang mit dem Schweregrad der Erkrankung mag durchaus auch relevant sein, inwieweit die einzelnen Gruppenangebote auf kognitive oder aber verhaltenstherapeutische Elemente fokussieren. Während z.B. Rush & Watkins (1981) bei einer schwerer erkrankten Klientel mit Major Depression und Dysthymie eine Überlegenheit kognitiver Therapie in der Individualbehandlung fand, resultierten in einer Studie von Sharpio et al. (1982) keine Unterschiede bezüglich der Schwere der Erkrankung in der Wirksamkeit eines kombinierten kognitiv-behavioralen Therapieprogramms im Gruppen- und Einzelsetting. Möglicherweise profitieren ausgeprägt depressive Patienten, vor allem zu Beginn der Therapie, in der Gruppe besser von verhaltensaktivierenden Interventionen als von kognitiven Therapieelementen.

2.3 Empirische Befunde zur Wirksamkeit des „Coping with Depression Course“ von Lewinsohn et al. (1984)

Der „Coping with Depression Course“ von Lewinsohn et al. (1984, deutsche Adaptation: Herrle & Kühner, 1994) ist das im amerikanischen Sprachraum bekannteste psychoedukative kognitiv-verhaltenstherapeutische Gruppenprogramm für Depressive. In den USA liegen inzwischen Untersuchungen an mehreren hundert Klienten vor. Dabei handelt es sich in der Mehrzahl um Interessenten aus der Allgemeinbevölkerung, die über öffentliche Medien, z.B. Zeitschriften, lokale Rundfunk- und Fernsehanstalten, angeworben wurden (Antonuccio et al., 1982, Steinmetz et al., 1983, Brown & Lewinsohn, 1984a, Teri & Lewinsohn, 1986, Hoberman et al., 1988). Kursausschlußkriterien waren dabei auf ein Minimum reduziert (geistige Behinderungen, Dyslexie, nichtaffektive Psychosen wie Schizophrenie oder schizoaffektive Störungen, bipolare Störungen und Substanzabhängigkeiten). Eine parallele psychotherapeutische oder medikamentöse Intervention war dagegen kein Ausschlußkriterium, ca. 30%-50% der untersuchten Klienten nahmen gleichzeitig eine solche Behandlung wahr (Lewinsohn et al., 1985). Nicht alle Teilnehmer dieser Gruppen erfüllten zu Kursbeginn die Kriterien einer depressiven Störung, im Mittel lag der Anteil depressiver Diagnosen nach DSM-III (American Psychiatric Association (APA), 1980) oder RDC (Research Diagnostic Criteria;

Spitzer et al., 1978) bei ca. 80%. Damit wurden über das Kursprogramm auch Personen erreicht, die zwar nicht die Kriterien einer depressiven Störung erfüllen, jedoch eine erhöhte subklinische Depressivität oder auch depressive Episoden in der Vorgeschichte aufwiesen. Für solche Klienten kann nach Lewinsohn et al. (1985) das Kursprogramm im Sinne einer Primär- oder Tertiärprophylaxe hilfreich sein.

In den letzten Jahren sind einige Verlaufsstudien der Arbeitsgruppe um Lewinsohn veröffentlicht worden, die neben der Frage der allgemeinen Effektivität des Kursprogramms auch die Untersuchung verschiedener Therapiemodalitäten sowie therapeuten- und patientenbezogener Prädiktoren des Kurserfolgs zum Inhalt hatten. Die hier aufgeführten Studien werden im folgenden nach den im einzelnen untersuchten Risikogruppen unterschieden.

2.3.1 Studien mit selbstrekrutierten depressiven Klienten aus der Allgemeinbevölkerung

Antonuccio et al. (1982) untersuchten die Wirksamkeit des Programms bei 106 Klienten, die über öffentliche Medien rekrutiert waren. 75% der Stichprobe erfüllten zu Kursbeginn die RDC-Kriterien einer depressiven Störung. Von Kursbeginn nach Kursende waren die Durchschnittswerte im Beck Depressions Inventar (BDI) hochsignifikant reduziert. Therapeutenmerkmale wie emotionale Wärme, Aufgabenbezogenheit und Erfolgserwartung hatten keinen Einfluß auf den Kurserfolg der Teilnehmer. Lewinsohn et al. (1989) schließen daraus, daß das Programm - unter der Voraussetzung einer ausführlichen Einarbeitung der Kursleiter - relativ robust gegenüber individuellen Unterschieden im Therapeutenverhalten ist.

Steinmetz et al. (1983) untersuchten eine Stichprobe von 75 selbstrekrutierten Kursteilnehmern mit einer klinischen Depression nach RDC. Gegenüber dem Pretest waren die BDI-Werte auch zum Ein- und Sechs-Monats-Follow-Up nach Kursende signifikant reduziert und im unauffälligen Bereich (<10). Der Anteil depressiver Diagnosen sank vom Pretest zum Ein-Monats-Follow-Up von 100% auf 21%. Prädiktorenanalysen ergaben, daß vor allem Teilnehmer mit niedrigerer Eingangsdepressivität, jüngerem Alter, positiver Erfolgserwartung, höherer wahrgenommener Unterstützung durch die Familie und erlebter Mastery vom Kursprogramm profitierten. Diese Merkmale waren negativ mit dem BDI-Wert zum Kursende assoziiert. Eine zusätzliche Depressionsbehandlung außerhalb des Kurses (Psychotherapie und/oder medikamentöse Behandlung) wirkte sich hingegen, auch nach statistischer Kontrolle der Eingangsdepressivität, negativ auf den Kurserfolg aus. Steinmetz et al. (1983) sehen eine mögliche Ursache hierfür darin, daß eine gleichzeitige andere Form der Behandlung Motivation und Fähigkeit der Patienten minderte, aktiv am Gruppenprogramm zu arbeiten und die erlernten Fertigkeiten regelmäßig einzusetzen.

Brown und Lewinsohn (1984a) verglichen die Effektivität des Gruppenformats mit der einer vergleichbar strukturierten Einzeltherapie, einer dem Kursprogramm angeglichenen telefonischen Intervention, die über wöchentliche Kontakte erfolgte, und einer Wartekontrollgruppe. Klienten in allen aktiven Treatmentbedingungen zeigten zu Behandlungsende deutlichere Verbesserungen der depressiven Symptomatik (BDI) als die Wartegruppe. Die Unterschiede in den verschiedenen Behandlungsmodalitäten waren nicht signifikant. Zum 6-Monats-Follow-Up war der Anteil depressiver Diagnosen im Durchschnitt von 100% auf 25% reduziert. Als Prädiktoren des längerfristigen Erfolgs erwiesen sich in dieser Studie eine geringere Residualsymptomatik nach Kursende, höheres Alter bei Ersterkrankung, höhere Kurserwartung, weniger streßvolle Lebensereignisse zum Zeitpunkt des Kursbeginns sowie größere Zufriedenheit in verschiedenen Lebensbereichen, insbesondere mit Freunden. Brown und Lewinsohn (1984a) schließen aus ihren Befunden zur Effektivität des Programms im telefonischen Kontaktmodus, daß eine Intervention dieser Art sinnvoll und wirksam einzusetzen ist, z.B. bei Personen, die aufgrund körperlicher Handicaps oder zeitlicher Beschränkungen keine regelmäßigen Ambulanztermine in Anspruch nehmen können. Die Durchführung des Programms im Einzelformat schlagen sie für solche Klienten vor, die aufgrund ausgeprägter sozialer Hemmungen und Ängste vom Gruppenprogramm nur unzureichend profitieren.

Teri & Lewinsohn (1986) verglichen die Effektivität des Gruppenprogramms im Einzel- und Gruppensetting bei 66 Klienten, die zu Kursbeginn die RDC-Kriterien einer depressiven Störung (Major oder Minor Depression) erfüllten. Ähnlich wie Brown & Lewinsohn (1984a) fanden sie in beiden Therapiemodalitäten eine signifikante Reduktion der Depressionswerte (BDI) von Kursbeginn nach Kursende, die auch zum 6-Monats-Follow-Up stabil blieb. Vergleichbar waren auch die Prozentsätze an Patienten, die zum Ein- und 6-Monats-Follow-Up weiterhin die Kriterien einer depressiven Störung erfüllten. Prädiktiv für eine weniger erfolgreiche Kursteilnahme (BDI zu Kursende) erwiesen sich in dieser Studie vor allem eine höheren Eingangsdepressivität und die Anzahl belastender Lebensereignisse vor Kursbeginn.

In der Studie von Hoberman et al. (1988) an 40 Klienten mit Depressionsdiagnose nach RDC, die den Kurs im Gruppenformat absolvierten, fand ebenfalls eine signifikante Reduktion der BDI-Werte von Kursbeginn nach Kursende statt, die zu den Ein- und 6-Monats-Follow-Ups stabil blieb. Als beste Prädiktoren des Kurserfolgs wurden neben einer niedrigeren Eingangsdepressivität eine bessere soziale Integration, wahrgenommene Mastery, Erfolgserwartung und erlebte Gruppenkohäsion identifiziert.

Gonzales et al. (1985) erhoben Ein- bis Drei-Jahres-Katamnesen von 113 ehemaligen Kursteilnehmern der Studien von Teri & Lewinsohn (1981, unpubl.), Steinmetz et al. (1983) und Brown & Lewinsohn (1984a). Ca. 27% der untersuchten Patienten erfüllten die Kriterien einer Depression, die auf eine chronische Störung aufgepfropft war („double depression", vgl. Keller et al., 1983b). Im Ein-Jahres-Zeitraum nach Kursbeginn waren 53% der Teilnehmer über mindestens 8 Wochen vollständig remittiert, die Remissionsrate der Teilnehmer mit episodischer Major Depression nach RDC war dabei signifikant höher als die von Teilnehmern, die zu Kursbeginn die Kriterien einer chronisch depressiven Störung erfüllten. Von den remittierten Patienten erlitten im Ein-Jahres-Zeitraum nach Remission jedoch 54% einen Rückfall in die depressive Episode. Als bedeutsam für die Rückfallprognose erwiesen sich eine höhere Anzahl anamnestischer Episoden, eine familiäre Belastung mit depressiven Erkrankungen, körperliche Krankheit, Unzufriedenheit in verschiedenen Rollenbereichen, jüngeres Alter und höhere Depressivität zu Kursbeginn. Die Diagnose einer chronisch depressiven Störung zu Kursbeginn war hingegen nicht mit der Rückfallprognose assoziiert.

Die Befunde von Gonzales et al. (1985) zum Langzeitverlauf ehemaliger Kursteilnehmer relativieren die optimistischen Ergebnisse zum Kurzzeitverlauf, die aus den oben angeführten Studien berichtet werden. Die hier ermittelte Rückfallrate von 54% im Ein-Jahres-Zeitraum nach Remission liegt im oberen Bereich dessen, was aus anderen Studien zu depressiven Behandlungsklientelen berichtet wird (ca. 30-40%, zur Übersicht vgl. Belsher & Costello, 1988, Kühner, 1994). Sie ist insbesondere auch deshalb als hoch zu werten, da es sich bei den hier untersuchten ehemaligen Teilnehmern, wie oben angeführt, nicht um Patienten aus einem regulären ambulanten oder stationären Kliniksetting handelte, sondern um eine selbstrekrutierte Klientel, die über Medien angesprochen worden war. Es ist dabei allerdings zu berücksichtigen, daß hier auch Rückfälle mit geringerer Symptomschwere (Minor und Intermittend Depressions nach RDC) mitgezählt wurden. Insgesamt weisen die Ergebnisse von Gonzales et al. (1985) jedoch darauf hin, daß die zeitlich begrenzte Gruppenintervention bezüglich der Langzeitstabilität des Behandlungserfolgs einen nur eingeschränkt positiven Effekt hatte. Lewinsohn et al. (1989) schließen daraus, daß möglicherweise eine Erhöhung der Sitzungsanzahl von Sitzungen und die Einführung sogenannter „Booster"- oder Auffrischungs-sitzungen notwendig sei, um eine längerfristige Erfolgsstabilisierung zu gewährleisten.

2.3.2 Studien mit depressiven Behandlungsklientelen

Während die bisher referierten Studien mit selbstrekrutierten Kursinteressenten aus der Allgemeinbevölkerung arbeiteten, seinen im folgenden zwei Studien erwähnt, die das Kursprogramm in klinischen Behandlungseinrichtungen einsetzten.

In einer Untersuchung von Antonuccio et al. (1984) wurden depressive Patienten einer psychiatrischen Ambulanzklinik mit dem Programm behandelt, die sich gegenüber einer medikamentösen Behandlung als therapieresistent erwiesen hatten. Zehn Patienten mit der Diagnose einer Major Depression, einer Dysthymen Störung oder einer atypischen Depression nach DSM-III, die nach mindestens achtwöchiger medikamentöser Behandlung einen BDI-Score > 12 aufwiesen, wurden in zwei Gruppen zu jeweils 5 Patienten zusammengefaßt. Neun Patienten beendeten das Programmm regulär, über acht Patienten liegen Informationen zum Ein- und Neun-Monats-Follow-Up nach Kursende vor. Die durchschnittliche Depressivität der Teilnehmer sank von einem BDI-Wert von 23.6 (Pretest) auf 13.3 (Posttest). Zu den Follow-Ups nach Kursende lag sie bei 12.6 (1 Monat) und 14.9 (9 Monate). Antonuccio et al. (1984) klassifizierten anhand der BDI-Werte des Posttests vier Patienten als remittiert, zwei als gebessert und drei als unverändert. Zwar ergeben sich aus dieser Arbeit Hinweise darauf, daß zumindest für einen Teil medikamentenresistenter Patienten das Programm eine hilfreiche Alternative darstellen kann, die insgesamt geringe Stichprobengröße dieser Studie verbietet jedoch weitreichende Schlußfolgerungen über die Effektivität der Gruppenintervention bei einer klinisch depressiven Behandlungsklientel.

Organista et al. (1994) setzten eine modifizierte Version des CWD-Programms im Einzel- und Gruppenformat bei Patienten ein, die über Allgemeinarztpraxen in eine assoziierte Depressionsambulanz überwiesen worden waren. Die Untersuchungsstichprobe bildeten 175 Patienten aus überwiegend niedrigen Einkommensverhältnissen, die zu 65% ethnische Minderheiten repräsentierten. 8% der Patienten hatten Alkohol- und/oder Drogenprobleme, die Patienten mußten jedoch bezüglich der Abhängigkeit remittiert oder in paralleler Behandlung sein. An einer körperlichen Krankheit litten 53% der Patienten. 16.8% wurden gleichzeitig mit antidepressiver Medikation behandelt. Damit wurde in dieser Studie eine Klientel erfaßt, die - im Gegensatz zu Patienten in üblichen Forschungssettings - durch eine eher ungünstige Prognose gekennzeichnet ist. Alle Patienten erfüllten die Einschlußkriterien einer unipolaren depressiven Störung nach DSM-III (Major Depression oder Dysthymie). Insgesamt 74 Patienten (42%) beendeten das 12-wöchige Programm regulär, davon erhielten 39 eine Gruppentherapie, die im Gegensatz zum üblichen Vorgehen in einer offenen Gruppe stattfand, d.h. Patienten wurden konsekutiv in laufende Gruppen aufgenommen. Weitere 22 Patienten erhielten eine vergleichbare individuelle kognitive Verhaltenstherapie, und 13 Patienten eine Kombination aus beiden Modalitäten.

Drop-Out-Analysen zeigten, daß die mittlere Reduktion in den BDI-Scores von Kursbeginn bis zur letzten Messung in der Gruppe der Therapiebeender mit 35% (Pre: 27.5, Post: 18) höher war als die der Gruppe der Therapieabbrecher (24%, Pre: 27, Post: 21). Organista et al. (1994) weisen in diesem Zusammenhang jedoch darauf hin, daß die End-BDI-Scores der Kursbeender nur geringfügig niedriger lagen als solche, die aus Studien an unbehandelten Kontrollgruppen berichtet werden (vgl. Nietzel et al., 1987). Im Vergleich zu Therapiebeendern waren Abbrecher jünger, gehörten eher einer ethnischen Minderheit an und waren häufiger in der Gruppenmodalität behandelt worden. Eine Prädiktorenanalyse des Therapieerfolgs für die Gruppe der Therapiebeender ergab einen günstigeren Outcome für Patienten, die einen niedrigeren BDI-Score zu Behandlungsbeginn aufwiesen und verheiratet waren oder in fester Partnerschaft lebten.

Die Studie von Organista et al. (1994) hebt sich aus verschiedenen Gründen von anderen Behandlungsstudien ab. So ist sie direkt in der klinischen Versorgung von Patienten angesiedelt, die nach Einschätzung der überweisenden Allgemeinärzte eine behandlungsbedürftige depressive Störung aufwiesen. Hier ist zunächst auf die hohe Attritionsrate hinzuweisen. Wie die Autoren bemerken, kam von den im Zeitraum von drei Jahren überwiesenen ca. 600 Patienten mit lediglich 55% ein Kontakt zur Depressionsklinik zustande (der aktiv von Mitarbeitern der Klinik initiiert wurde). 14% der insgesamt überwiesenen Patienten absolvierten lediglich einen Untersuchungstermin, 29% brachen die Behandlung vorzeitig ab, und 12% beendeten diese regulär. Diese Verlustrate ist wesentlich höher als solche, die aus kontrollierten Therapiestudien berichtet werden (vgl. z.B. Rabin et al., 1985). Es muß dabei jedoch zum einen bedacht werden, daß es sich bei der hier untersuchten Klientel um Patienten mit einem hohen Prozentsatz an komorbiden Störungen, mit Abhängigkeitsproblematik und sonstigen nachteiligen Bedingungen handelte, die in kontrollierten Studien in der Regel als Ausschlußkriterien definiert sind. Zum anderen handelte es sich um Patienten, die nicht selbst aktiv um Behandlung nachgesucht hatten, sondern von den Klinikmitarbeitern rekrutiert wurden. Diese Besonderheiten müssen auch bei der Bewertung des insgesamt nur mäßigen Therapieerfolgs der hier untersuchten Patienten berücksichtigt werden.

2.3.3 Primärpräventive Ansätze

Munoz und Mitarbeiter (Munoz et al., 1993, 1995) setzten eine auf acht Sitzungen verkürzte Form des Lewinsohnschen Programms im Rahmen einer breit angelegten Präventionsstudie („Depression Prevention Research Project") ein. Ein Hauptanliegen dieser Studie war es, zu untersuchen, ob durch die Intervention die Inzidenzraten neuer Episoden im 1-Jahres-Zeitraum verhindert werden können. Dieses Projekt wurde ebenfalls mit Patienten aus Allgemeinarztpraxen durchgeführt, die sich zum Zeitpunkt des Studieneintritts jedoch nicht in fachpsychiatrischer Behandlung befanden, und die aktuell nicht die Kriterien einer Major Depression erfüllten (ca. 9% der Patienten wiesen jedoch depressive Episoden in der Vorgeschichte auf). Die Patienten kamen überwiegend aus niedrigen Einkommenverhältnissen, die Mehrzahl gehörte ethnischen Minderheiten an.

Von ursprünglich 707 gescreenten Patienten wurden schließlich 150 Patienten randomisiert einer der folgenden Bedingungen zugewiesen: a) Gruppenintervention (8 Doppelstunden), b) unbehandelte Kontrollgruppe ohne Treatment, und c) Kontrollgruppe, die ein 40minütiges Video mit Erklärung der im Kurs verwendeten Methoden sah. Gegenüber den beiden Kontrollgruppen zeigten sich zu Kursende sowie zum 6-Monats- und 1-Jahres-Follow-Up nach Pretest schwache, jedoch statistisch signifikante, positive Effekte der Intervention bezogen auf die selbstberichtete depressive Symptomatik (BDI), sowie bezüglich kognitiver und verhaltensmäßiger Konkomitanten depressiver Symptomatik (pessimistische Attituden, geringe hedonische Aktivität). Zum 12-Monats-Follow-Up erfüllten 3% der Interventionsgruppe und 5.6% der (kombinierten) Kontrollgruppe die DSM-III-Kriterien einer depressiven Episode. Die Absolutzahlen der Studie sind jedoch ingesamt zu klein, um gesicherte Aussagen zur Effektivität der Intervention bezüglich der Prävention klinisch depressiver Episoden zu machen.

Die Ergebnisse dieser Studie weisen darüber hinaus auf ein generelles Problem hin, mit dem die Präventionsforschung konfrontiert ist, nämlich dem der hohen

Attritions- bzw. Verweigerungsraten bei Klienten, die aktuell die Kriterien einer klinischen Depression nicht erfüllen. Generell muß auch berücksichtigt werden, daß relativ große Stichproben erforderlich sind, um signifikante Effekte der Inzidenzreduktion depressiver Episoden überhaupt nachweisen zu können.

Clarke et al. (1995) untersuchten die Wirksamkeit einer auf kognitive Schwerpunkte modifizierten Version des Lewinsohn-Programms zur Prävention depressiver Episoden bei Jugendlichen. Anhand eines zweistufigen Screenings wurden Personen in die Interventionsstudie aufgenommen, die eine erhöhte subklinisch depressive Symptomatik aufwiesen (CES-D Score > 23), aktuell jedoch nicht die DSM-III Kriterien einer Major Depression oder Dysthymie erfüllten (ca. 36% mit anamnestischen Episoden). Im Erstscreening wurden ca. 1600 Jugendliche getestet, und im zweiten Schritt wurden 150 Jugendliche (87.2% der Zielpopulation) randomisiert den Bedingungen „Gruppenintervention“ und „usual care“ zugewiesen. Hier zeigten sich deutliche Effekte der Intervention: Während des 12-Monatszeitraums nach Intervention war die Inzidenrate depressiver Episoden in der Interventionsgruppe gegenüber der Kontrollgruppe signifikant reduziert (14.5% vs. 25.7%). Keine Gruppenunterschiede resultierten dagegen in der zum Ein-Jahres Follow-Up querschnittlich erfassten quantitativen Depressionsschwere. Clarke et al. (1995) verweisen diesbezüglich auf die Relevanz der Erhebung symptombezogener Verlaufsparameter, da die ausschließliche Betrachtung querschnittlicher Effekte keine adaequate Abbildung realer Verlaufsunterschiede erlaube.

2.3.4 Zusammenfassende Bewertung des Lewinsohnschen Gruppenprogramms

Die referierten Befunde legen nahe, daß der Coping with Depression Course in den bisher untersuchten Settings ein durchaus wirksames Verfahren zur aktuellen Depressionsbehandlung und Prävention depressiver Episoden darstellt. Die Ergebnisse einer kürzlich erschienenen Meta-Analyse von Cuijpers (1998) über verschiedene Studien, die mit Variationen des Programms in unterschiedlichen Settings arbeiteten (unter Ausschluß rein präventiv angelegter Studien), unterstreichen diese Aussage. Hier resultierte eine mittlere Effektstärke von 1.21, bezogen auf die Veränderung depressiver Symptomatik von prä nach post, und eine mittlere Effektstärke von 0.65 unter Berücksichtigung von Studien mit Kontrollgruppendesigns. Der Autor schließt daraus, daß die Wirksamkeit des Programms mit der anderer Modalitäten der Depressionsbehandlung vergleichbar ist. Einschränkend muß hierzu jedoch angeführt werden, daß mit Ausnahme der klinischen Studie von Antonuccio et al. (1984), die mit einer sehr kleinen Fallzahl arbeitete, noch keine Ergebnisse zur Effektivität des Programms bei depressiven Klienten im psychiatrischen Behandlungssetting vorliegen. Diese Patienten sind nach den Ergebnissen verschiedener Studien nicht ohne weiteres mit selbstrekrutierten depressiven Klienten aus der Allgemeinbevölkerung oder depressiven Klienten in Allgemeinarztpraxen vergleichbar (z.B. bezüglich Symptomschwere in der Akutphase, Rückfall- und Chronifizierungsrisiko, siehe z.B. Schwenk et al., 1996, Klinkman et al., 1997). Desweiteren sind gesicherte Aussagen über die Langzeiteffektivität der Gruppenintervention anhand der bisher durchgeführten Studien nicht möglich. Während die Meta-Analyse von Cuijpers (1998) über 5 Studien (4 davon mit Jugendlichen) ergab, daß sich Behandlungserfolge zum Ein- bis Zwei-Jahres-Follow-Up noch akzentuierten, sprechen die Befunde der Langzeitstudie von Gonzales et al. (1985, in der Meta-Analyse von Cuijpers nicht berücksichtigt) an einer relativ großen Stichprobe erwachsener Klienten eher gegen stabile Langzeiteffekte nach Abschluß der Intervention.

Hervorzuheben ist das breite Anwendungsspektrum des Programms, das inzwischen in Variationen nicht nur bei primär (sub-)depressiven Klientelen, sondern auch bei ganz unterschiedlichen Risikogruppen für die Entwicklung depressiver Störungen eingesetzt wurde (z.B. bei älteren Menschen, Personen mit chronischen körperlichen Erkrankungen, HIV-Patienten, Betreuungspersonen älterer Menschen; zur Übersicht siehe z.B. Lewinsohn et al., 1989, Cuijpers, 1998).

Im deutschen Sprachraum wurde das Lewinsohnsche Gruppenprogramm bisher noch nicht systematisch evaluiert. Insbesondere fehlen Befunde zur Wirksamkeit des Programms in der Behandlung und Rückfallprävention bei depressiven Patienten im psychiatrischen Behandlungssetting. Eine solche Evaluierung ist Inhalt der vorliegenden Studie, die am Zentralinstitut für Seelische Gesundheit, Mannheim, in den Jahren 1987 bis 1995 durchgeführt wurde, und die im folgenden beschrieben wird.

3 ZIELE, FORSCHUNGSPLAN UND METHODEN

3.1 Ziele der Untersuchung

Allgemeines Ziel dieser prospektiven Studie ist eine Evaluation des Coping with Depression Course nach P.M. Lewinsohn in der ambulant-psychiatrischen Nachsorge unipolar depressiver Patienten. Diese allgemeine Zielsetzung läßt sich wie folgt untergliedern:

1. Die Bestimmung der Akzeptanz eines solchen Gruppenprogramms bei o.g. Klientel und Identifizierung von Prädiktoren der Akzeptanz bezogen auf soziodemographische, klinische, persönlichkeitsbezogene und psychosoziale Merkmale.
2. Die Untersuchung der Effektivität des Gruppenprogramms im Hinblick auf die Rückfall- und Chronifizierungsprophylaxe depressiver Episoden im Kurzzeitverlauf unter Intervention sowie im ein- bis eineinhalbjährigen Nachbeobachtungszeitraum.
3. Die Identifizierung von Prädiktoren für eine erfolgreiche Gruppenintervention.

3.2 Untersuchungsdesign

Gegenüber einem ursprünglich geplanten Randomisierungsdesign (Gruppenintervention versus Kontrollgruppe) waren aufgrund erheblicher Diskrepanzen zwischen erwartetem und erzieltem Probandenaufkommen für die Gruppeninterventionen frühzeitig umfassende Modifikationen des Studiendesigns erforderlich. Ursprünglich intendiertes und schließlich realisiertes Design sowie die daraus resultierenden Konsequenzen werden im folgenden beschrieben.

Die ursprüngliche Konzeption sah eine auf 5 Jahre angelegte Längsschnittstudie vor, die ausschließlich auf eine Stichprobe ehemals stationär behandelter depressiver Patienten einer vorgeschalteten, von der Deutschen Forschungsgemeinschaft geförderten, Studie „Dimensionen Sozialer Unterstützung und Depressive Störungen“ (Projektleiter H.O.F. Veiel, DFG-Az. VE 97-2) rekurrieren sollte. Die Grundgesamtheit dieses DFG-Projekts stellten stationär behandelte unipolar depressive Patienten der Psychiatrischen Klinik des Zentralinstituts für Seelische Gesundheit, Mannheim, dar, die zwischen dem 1.10.1986 und dem 30.10.1990 aufgenommen worden waren und die in Kapitel 3.3 beschriebenen Einschlußkriterien erfüllten. Diese Patienten hatten im Rahmen der DFG-Studie bereits einen stationären (T0, 1-2 Wochen nach stationärer Aufnahme) und zwei nachstationäre Meßzeitpunkte (T1: 4 Wochen nach Entlassung, T2: 7 Monate nach Entlassung) durchlaufen, zu denen anhand ausführlicher klinischer und sozialpsychologischer Interviews und Fragebogenverfahren Informationen aus den Bereichen Psychopathologie, Symptomverlauf der depressiven Störung, soziale Unterstützung, Bewältigungsverhalten, psychosoziale Bedürfnisse und Streßbelastung erfaßt wurden (siehe Kapitel 3.4). Ziel dieser vorgeschalteten DFG-Studie war die Untersuchung der Symptomentwicklung und der Rückfallwahrscheinlichkeit im nachstationären Kurzzeitverlauf (T1-T2) in Abhängigkeit von Krankheits- und Persönlichkeits-variablen sowie Merkmalen des sozialen Umfelds anhand eines naturalistischen Designs (vgl. Veiel & Kühner, 1990, Veiel et al., 1992, Veiel, 1993).

Im Rahmen einer daran anschließenden Interventionsstudie, die vom Bundesministerium für Forschung und Technologie gefördert wurde (BMFT-Projekt „Rückfallprophylaxe bei Depressionen, AZ 0701632, Projektleiter: H.O.F. Veiel (bis 1990), M.C. Angermeyer & C. Kühner (ab 1991)), sollten die Patienten der DFG-Studie im Rahmen eines Zeit-Kontrollgruppen-Designs einer der folgenden Bedingung zugewiesen werden: 1. Zeitkontrollgruppe (reguläre Nachbetreuung ohne Kursangebot), 2. 16wöchige Gruppenintervention mit dem „Coping with Depression Course", direkt im Anschluß an T2. 17 Monate nach T2, zum Erhebungszeitpunkt T3, sollten in einem ausführlichen Interview wiederum die Symptomatik, der Symptomverlauf (T2-T3), soziale Unterstützung, Bewältigungsstrategien und Streßbelastung bei allen Patienten erhoben werden.

Sehr schnell wurde jedoch deutlich, daß das ursprünglich projizierte Probandenaufkommen aus der DFG-Studie deutlich überschätzt worden war. Hinzu kam, daß sich bereits zu Beginn der Interventionsphase ein hoher Anteil an Kursverweigerern (ca. 50% der Kursgeeigneten, siehe Kapitel 4) abzeichnete, und ein weiterer substantieller Anteil an Patienten sich zum Zeitpunkt der Kursrekrutierung (T2) entweder in ambulanter Einzeltherapie befand oder wegen zu großer Entfernung bzw. Arbeit in Wechselschicht vom Kursangebot ausgeschlossen werden mußte (Einschlußkriterien für die Kursteilnahme siehe Kapitel 3.2).

Aufgrund der genannten Probleme wurden gegenüber dem BMFT folgende *Änderungen des Studiendesigns* begründet und schließlich realisiert:

1. Nach einer BMFT-Projektvorbereitungsphase, in der die ersten 52 Patienten des DFG-Projekts ohne Kursangebot blieben und lediglich ein T3-Follow-Up erhielten, wurde ab November 1988 *allen* nachfolgenden

DFG-Patienten, die die Kurseinschlußkriterien erfüllten, zu T2 ein Angebot zur Kursteilnahme gemacht.

2. Parallel zu den ehemals stationären Patienten der DFG-Stichprobe wurden zusätzlich Patienten aus der Psychiatrischen Ambulanz des ZISG in die Gruppen rekrutiert, die die Kurseinschlußkriterien erfüllten. Für diese Patienten wurde der Aufnahme in die Interventionsgruppen ein modifiziertes T2-Interview vorgeschaltet, anhand dessen im Wesentlichen dieselben Variablen erhoben wurden wie bei den ursprünglich stationär rekrutierten Patienten der DFG-Stichprobe.
3. Nach Abschluß der Rekrutierung der o.g. stationären DFG-Patientenstichprobe und der parallel rekrutierten Patienten der Psychiatrischen Ambulanz (im folgenden *Studienphase 1*) schloß sich ab 11/90 eine weitere Studienphase an (*Studienphase 2*), in der im Rahmen des BMFT-Projekts weitere unipolar depressive Patienten während ihres stationären Aufenthalts rekrutiert wurden, die die Studieneinschlußkriterien erfüllten. Meßzeitpunkte (T0, T1, T2, T3) und Erhebungsinstrumente waren weitgehend identisch mit denen der DFG-Stichprobe. Auch in dieser Studienphase wurde allen Patienten, die darüber hinaus die speziellen Kurseinschlußkriterien erfüllten, ein Angebot zur Kursteilnahme gemacht. Kursgeeignete Patienten der Studienphase 2 erhielten das Kursangebot jedoch, im Gegensatz zur DFG-Stichprobe, bereits zu T1, also 4 Wochen nach Entlassung. Kursteilnehmer dieser Studienphase absolvierten das Gruppenprogramm zwischen T1 und T2. Der Meßzeitpunkt T2 (7 Monate nach Entlassung) stellt für diese Patienten somit ein Kurzzeit-Follow-Up nach Kursende dar.
4. In der Studienphase 2 wurden, ebenfalls parallel zu den hier stationär rekrutierten Patienten, über die Psychiatrische Institutsambulanz weitere Patienten für die Kursteilnahme rekrutiert. Vor Aufnahme in die Gruppenintervention erhielten diese Patienten ein geringfügig modifiziertes T1-Interview. T2, das Kurzzeit-Follow-Up nach Intervention, wurde, wie bei den stationär rekrutierten Patienten, sechs Monate nach T1 durchgeführt.

Abbildung 1 gibt einen Überblick über das aktualisierte Studiendesign mit den einzelnen Meßzeitpunkten und untersuchten Teilstichproben, getrennt nach Studienphase 1 und 2. Im Rahmen der DFG-Studie wurden zusätzlich Patienten mit bipolarer Depressionsdiagnose rekrutiert, die hier nicht aufgeführt sind.

Aus dem aktualisierten Studiendesign lassen sich folgende auswertungsrelevante Konsequenzen ableiten:

1. Für die Kursteilnehmer beider Studienphasen liegen unterschiedliche Zeitraster vor (vgl. Abbildung 1): Für die Patienten der Studienphase 1, die

Abbildung 1:
Studiendesign und Stichprobenaufteilung

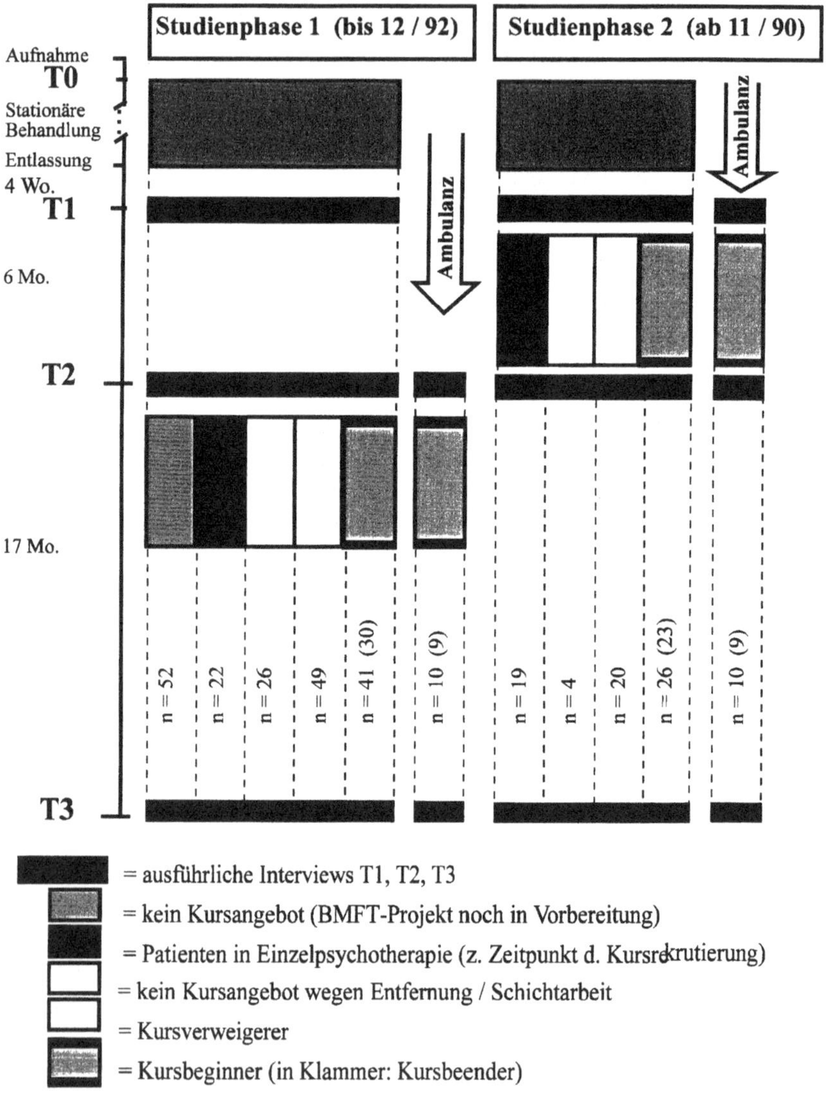

Stichprobengrößen sind bezogen auf Zeitpunkt der Kursrekrutierung das 16wöchige Kursprogramm nach T2 starteten, betrug das Intervall zwischen Kursende und T3-Follow-Up ca. 12 Monate, für die Patienten der Studienphase 2, die das Programm zwischen T1 und T2 absolvierten, 17 Monate, während die Intervalle T2-T3 für beide Gruppen identisch sind.

2. Für die stationär rekrutierten Patienten der Studienphase 1 lassen sich, im Gegensatz zu den stationär rekrutierten Patienten der Studienphase 2 und zu beiden Ambulanzstichproben, auch Aussagen zum nachstationären Verlauf (T1-T2) der depressiven Symptomatik *vor* potentiellem Kursbeginn machen. Umgekehrt können für die Kursteilnehmer der Studienphase 2 (stationär und ambulant Rekrutierte) Aussagen zum Kurzzeit-Verlauf der depressiven Symptomatik von T1 (vor Kursbeginn) nach T2 (nach Kursende) unter der Gruppenintervention gemacht werden, während für die Kursteilnehmer der Studienphase 1 ausführliche Interviewinformationen lediglich zum mittelfristigen Verlauf nach Kursende (T3) vorliegen.
3. Relevante Patientenmerkmale „vor Kursbeginn“, die in die nachfolgenden Analysen eingingen, beziehen sich i.d.R. für die Patienten der Studienphase 1 auf solche, die zu T2 erhoben wurden, für die Patienten der Studienphase 2 auf solche, die zu T1 erhoben wurden. Für die Subgruppen der *Kursteilnehmer* aus beiden Studienphasen liegen zusätzliche Meßzeitpunkte zu Kursbeginn, zu zwei Zwischensitzungen und zur letzten Gruppensitzung vor (siehe Kapitel 3.4), anhand derer diese gemeinsam analysiert werden können.
4. Mit dem Angebot zur Kursteilnahme an alle geeigneten Patienten wurde das ursprünglich geplante Kontrollgruppendesign aufgegeben, das aufgrund des geringen Stichprobenaufkommens nicht realisierbar war. Auch die ersten 52 Patienten der vorgeschalteten DFG-Studie, die in der Aufbauphase des BMFT-Projekts kein Angebot zur Kursteilnahme erhielten, stellen keine echte Zeitkontrollgruppe dar: a) ein Teil dieser Patienten befand sich zum Zeitpunkt der Kursrekrutierung in ambulanter Einzeltherapie, und b) wie aus den Akzeptanzanalysen (Kapitel 4.2) hervorgeht, wurde eine überproportionale Kurs-Verweigerungsrate relativ symptomfreier Patienten beobachtet. Im Hinblick auf die Untersuchung der Effektivität des Programms verboten sich damit jedoch unspezifische Vergleiche des Depressionsverlaufs von Kursteilnehmern und Nichtteilnehmern (also auch o.g. 52 Patienten als Zeitkontrollgruppe im Gesamten), da die Kursteilnehmer keine repräsentative Zufallsstichprobe der in der Verlaufsstudie untersuchten Patienten darstellten.

Dadurch, daß über mehrere Jahre (1987 bis 1992) *alle* unipolar depressiven stationären Konsekutivaufnahmen des ZISG für die übergeordnete

Verlaufsstudie rekrutiert wurden, sollte nach Abschluß dieser Rekrutierungsphase jedoch ein ausreichend großer Patientenpool von Nichtteilnehmern des Kursprogramms zur Verfügung stehen, die bezüglich krankheitsrelevanter Merkmale zu Kursbeginn mit den Kursteilnehmern vergleichbar waren und hinsichtlich depressionsrelevanter Verlaufsparameter unter bzw. nach der Gruppenintervention mit diesen verglichen werden konnten.

3.3 Ein- und Ausschlußkriterien

Gruppenintervention und Verlaufsuntersuchung wurden mit ehemals stationär behandelten depressiven Patienten nach Entlassung aus der Psychiatrischen Klinik des Zentralinstituts für Seelische Gesundheit, Mannheim, sowie mit Patienten der Psychiatrischen Ambulanz des Instituts durchgeführt. Ein- und Ausschlußkriterien für die im Rahmen der BMFT-Studie rekrutierten stationären Patienten sind mit denen der vorgeschalteten DFG-Studie identisch.

Generelle *Einschlußkriterien* für die Verlaufsuntersuchung waren eine der folgenden ICD-9 Diagnosen (Degkwitz et al., 1979) *zum Zeitpunkt des Eintritts in die stationäre oder ambulante Vorbehandlung* (ärztliche Behandlungsdiagnose): unipolar endogene (296.1), neurotische (300.4) oder reaktive Depression (298.0, 301.1, 309.0, 309.1). Bei den stationär rekrutierten Patienten waren auch andere ICD-9 Diagnosen aus den Bereichen ICD-9 300 - 309 zugelassen, sofern die Patienten in der stationären Akutphase eine ausgeprägte depressive Begleitsymptomatik aufwiesen. Diese wurde über ein zweistufiges Depressions-Screening festgelegt: 1. nach Einschätzung des behandelnden Arztes mußten depressive Begleitsymptome vorliegen. Nur mit diesen Patienten wurde der stationäre Meßzeitpunkt T0 durchgeführt. 2. In einem zweiten Schritt wurde anhand des Inventory to Diagnose Depression (Zimmerman et al., 1986, deutsche Version Kühner & Veiel, 1993) entschieden, ob der Patient in der Untersuchungsstichprobe verblieb. Patienten, die o.g. Einschlußkriterien einer primären unipolaren Depression nicht erfüllten, mußten zu T0 die IDD-Fragebogenkriterien einer Major Depressive Episode nach DSM-III erfüllen oder einen IDD-Summenscore von > 24 aufweisen.

Generelle *Ausschlußkriterien* waren hierarchisch höherstehende Diagnosen nach ICD-9 (hirnorganische, schizophrene, schizoaffektive, paranoide Störungen), Alkohol-, Drogen- und Medikamentenabhängigkeit oder im Vordergrund stehender Substanzmißbrauch, sowie Minderbegabung, Alter unter 18 oder über 60 Jahre. Bipolare Patienten mit stationärer depressiver Indexepisode wurden zwar prinzipiell in die Verlaufsstudie aufgenommen, sie erhielten jedoch kein

Kursangebot und wurden auch nicht als potentielle Vergleichsgruppe für die späteren Kursteilnehmer herangezogen.

Die generellen Einschlußkriterien für die Verlaufsuntersuchung wurden bei den stationär rekrutierten Patienten nach Vorlage der ICD-9 Entlaßdiagnose nochmals überprüft. Hatte bei einem Patienten zwischen Aufnahme und Entlassung ein Wechsel zu einer der o.g. Ausschlußdiagnosen stattgefunden, so wurde er nachträglich aus der Untersuchung ausgeschlossen. Patienten mit nicht primär depressiver Aufnahmediagnose nach ICD-9 (300 - 309), bei denen von Aufnahme nach Entlassung ein Wechsel zu einer der o.g. depressiven Diagnosen stattgefunden hatte, verblieben dagegen, unabhängig von ihrem IDD-Befund zu T0, in der Studie. Umgekehrt wurden Patienten mit depressiver ICD-9 Diagnose bei Aufnahme zum Entlaßzeitpunkt aus der Studie ausgeschlossen, falls die Entlaßdiagnose zu einer nicht primär depressiven Diagnose (300 - 309) gewechselt hatte, und gleichzeitig die IDD-Einschlußkriterien zu T0 nicht erfüllt waren.

Speziell vom *Kursangebot*, nicht jedoch von der Verlaufsuntersuchung, waren darüber hinaus solche Patienten ausgeschlossen, die zwar o.g. Einschlußkriterien erfüllten, jedoch zum Zeitpunkt der nachstationären Kursrekrutierung a) sich in regelmäßiger ambulanter Einzelpsychotherapie befanden, b) in zu großer Entfernung vom Institut wohnten (> 50 km und/oder > 1 Stunde Anfahrt) oder c) in Wechselschicht arbeiteten. Eine parallele medikamentöse Therapie war dagegen kein Ausschlußkriterium.

Zur *klinischen Symptomatik zum Zeitpunkt der Kursrekrutierung* (Meßzeitpunkt T1 oder T2, je nach Studienphase) ist anzumerken, daß hier anhand der in Kapitel 3.4 beschriebenen Instrumente zwar eine ausführliche Erhebung der aktuellen Psychopathologie, insbesondere auch der Depressivität, erfolgte, für die Kursteilnahme selbst jedoch *kein Depressions-Screening* durchgeführt wurde. Das heißt, allen nach o.g. Kriterien geeigneten Patienten wurde ein Kursangebot gemacht, unabhängig von der aktuellen depressiven Symptomausprägung. Damit lag eine breite Streuung der Depressionsschwere zu Kursbeginn vor, indem sowohl Patienten in derzeitiger Remission den Kurs starteten als auch solche, die aktuell die Kriterien einer depressiven Episode (MDE nach DSM-III-R, APA, 1987) erfüllten.

Die Aufnahme aller potentiell geeigneten Patienten ohne Berücksichtigung des derzeitigen Symptomlevels war zunächst rein pragmatisch begründet: Die Einschränkung der Fragestellung auf die Effizienz des Programms im Sinne einer reinen Rückfallprophylaxe depressiver Episoden hätte eine a priori

Selektion von Patienten in Remission vorausgesetzt, die die Stichprobengröße potentieller Kursteilnehmer noch weiter eingeschränkt hätte (wie aus den Akzeptanzanalysen in Kapitel 4.2 aufgeführt, war im Vergleich zu Kursverweigerern ein überproportionaler Anteil von Kursbeginnern zum Zeitpunkt der Kursrekrutierung in einer akuten depressiven Episode). Daneben stellt die Heterogenität der Kursteilnehmer im Hinblick auf die depressive Symptomausprägung auch ein realistischeres Abbild der Klientel in der klinischen Praxis der ambulanten Nachsorge dar. Die Einbeziehung von Patienten aller Schweregrade depressiver Symptomatik erlaubt darüber hinaus eine differentielle Vorhersage des Kurserfolgs für die Subgruppen mit unterschiedlichem Ausgangsniveau der depressiven Symptomatik (bei Kursbeginn aktuell remittiert/nichtremittiert). Zu diesem Zweck werden im Ergebnisteil anhand der Eingangsdiagnostik Untergruppen gebildet und deren Verläufe getrennt analysiert.

3.4 Erhebungsinstrumente

Die im Rahmen der Untersuchung eingesetzten Instrumente und die Zeitpunkte ihrer Erhebung sind in Abbildung 2 aufgelistet. Sie werden im folgenden beschrieben.

3.4.1 Allgemeine Psychopathologie

Als zentrales Instrument zur interviewgestützten Erfassung der klinischen Psychopathologie zu den Hauptmeßzeitpunkten T1, T2 und T3 diente eine erweiterte Version des Present State Examination (PSE-9, Wing et al., 1982). Das PSE-9 ist ein semistrukturiertes klinisch-psychiatrisches Interview zur Erhebung des aktuellen psychopathologischen Befunds über den Zeitraum der letzten vier Wochen. Es umfaßt 140 Symptome, die unterschiedliche Aspekte neurotischer (insbesondere Angst und Depression) und psychotischer Symptomatik abbilden. Ein von Wing et al. (1982) entwickelter Computeralgorithmus (CATEGO 4) erlaubt eine Informationsreduktion auf Syndrome, deskriptive Klassen und ICD-8-Äquivalent-Diagnosen. Das PSE-9 repräsentiert ein Experteninstrument, das im Gegensatz zu vollstandardisierten Verfahren letztendlich auf der klinischen Einschätzung des Beurteilers und nicht auf den Selbstaussagen des Patienten beruht. Die komplexen Frageninhalte und das differenzierte Glossar zur Beurteilung von Symptomen erfordern ein intensives klinisch-psychiatrisches Training des Anwenders.

Abbildung 2:
Erhebungsinstrumente und Meßzeitpunkte

Instrument	Verlaufsstichprobe incl. Kursteilnehmer				nur Kursteilnehmer			
	T0	T1	T2	T3	Pre	ZW1	ZW2	Post
Present State Examination (PSE-9), erweitert um DSM-III(R) Diagnosen	-	•	•	•				
Inventory to Diagnose Depression (IDD)	•	•	•	•	•	•	•	•
Personality Research Form (PRF)	-	•	•	-				
Fragebogen zur Bewältigung belastender Situationen (FBSit)	-	•	-	•				
Mannheimer Interview zur Sozialen Unterstützung (MISU)	-	•	•	•				
Life Events and Difficulty Schedule (LEDS)	-	-	•[1)]	•[1)]				
Skala dysfunktionaler Einstellungen					•	-	-	•
Tübinger Anhedoniefragebogen (TAF)					•	-	-	•

Erläuterungen:
T0: stationäre Aufnahme, T1: 1 Monat, T2: 7 Monate, T3: 24 Monate nach Entlassung, Pre: Kursbeginn, Post: Kursende, ZW1, ZW2: Zwischensitzungen. [1)] nur DFG-Teilstichprobe

Um eine Vergleichbarkeit mit anderen Studien herstellen zu können, die operationale Diagnosekriterien verwendeten, wurde das PSE-9 für die Zwecke der vorliegenden Studie um Zusatzfragen zur Überprüfung relevanter DSM-III Kriterien aus den Bereichen Depression und Angst erweitert (Maurer et al., 1990). Ein wichtiges Anliegen dabei war, durch eine möglichst geringfügige und zeitökonomische Erweiterung des Interviews einige wichtige DSM-III Diagnosen stellen zu können, ohne hierdurch die zentrale Struktur des Verfahrens zu verändern. Die von unserer Arbeitsgruppe erweiterte PSE-Version gibt folgende DSM-III Diagnosen aus: a) psychotische Störungen (DSM-III-Code 295, 297, 298.9, nicht weiter differenziert), b) affektive Störungen (DSM-III Code 296.2 - 296.6, 300.4) und c) Angststörungen (DSM-III Code 300.1, 300.2, 300.21 - 300.23, 300.29, 300.30). Neben der Stellung der DSM-III Diagnose einer Major Depressive Episode (296.2 bzw. 296.3) wurde auch ein Diagnosenalgorithmus zur Stellung der 1987 (und damit nach Beginn der Datenerhebung der DFG-Studie) erschienenen DSM-III-R-Kriterien einer Major Depressive Episode nach DSM-III-R integriert. Dieser spricht dieselben Symptome wie der DSM-III-Algorithmus an, beruht jedoch auf einer etwas strengeren Symptomgewichtung (z.B. Wegfall der Doppelverrechnung des Symptoms „Anhedonie“ als A- *und* B-Kriteriums, vgl. APA, 1980, APA, 1987). Die Anwendung beider Algorithmen auf denselben Datensatz führt damit in der Regel zu etwas geringeren Prozentraten einer MDE nach DSM-III-R (vgl. Zimmerman, 1988, Kühner & Veiel, 1993). Im Rahmen des von uns erweiterten PSE-Interviews wurden zusätzlich anamnestische Informationen über das Alter bei erster depressiver Lifetimeepisode sowie die Anzahl früherer depressiver Episoden erhoben. Zur Erfassung von Verlaufscharakteristika wurde das Interview für die Meßzeitpunkte T2 und T3 dahingehend erweitert, daß die DSM-III(-R) Kriterien von Intervall-Episoden zwischen den Meßzeitpunkten mit Datierung von Beginn und Ende in „Wochen vor T2 bzw. T3“ erhoben wurden, ebenso die Dauer der derzeitigen depressiven Episode (Querschnittsbefund T2 bzw. T3).

Alle Interviewer der vorliegenden Studie (Psychologen und Ärzte) wurden vor Aufnahme der Datenerhebung im Rahmen eines intensiven einwöchigen Trainings durch Ausbilder am Zentralinstitut für Seelische Gesundheit (Collaborating Center der WHO für das Training diagnostischer Verfahren) geschult. Darüber hinaus wurden in regelmäßigen Abständen Fallkonferenzen durchgeführt mit dem Zweck, die diagnostische Beurteilung zu vereinheitlichen.

3.4.2 Selbstbeurteilte Depressivität

Als Depressionsfragebogen diente das Inventory to Diagnose Depression (IDD, Zimmerman et al., 1986, vgl. Kühner & Veiel, 1993). Der IDD besteht aus 22 fünfstufigen Items mit inhaltlich formulierten, nach aufsteigender Schwierigkeit geordneten Aussagen. Eine Besonderheit des Instruments liegt darin, daß neben der Berechnung des Summenwerts als Maß der selbstbeurteilten Depressionsschwere auch die Fragebogendiagnose einer Major Depressive Episode (MDE) nach DSM-III(-R) gestellt werden kann. Im Gegensatz zu anderen Depressionsskalen enthält der IDD alle diagnoserelevanten Symptome einer MDE. Zwei enthaltene diagnoseunspezifische Symptome (Angst und Sorge um körperliche Gesundheit) gehen zwar in den Summenwert, nicht aber in die Berechnung der Fragebogendiagnose ein. Um hierfür herangezogen zu werden, muß jedes Symptom eine gewisse Mindestausprägung aufweisen. Der Beurteilungszeitraum bezieht sich auf die letzten sieben Tage. Zusätzlich ist anzukreuzen, ob das Symptom seit mehr oder weniger als zwei Wochen präsent ist. Durch die Anwendung der DSM-III(-R) Kriterien auf die Fragebogenitems läßt sich damit die Fragebogendiagnose (MDE-Kriterien erfüllt: ja/nein) stellen. Eine weitere Version des Fragebogens (IDD-M) besteht aus den 22 Hauptfragen ohne Zusatzfragen zur Symptomdauer. Sie eignet sich insbesondere zur zeitökonomischen Erfassung der Depressivität im Rahmen der Therapieverlaufsmessung.

Der IDD weist sowohl in der amerikanischen Originalversion als auch in unserer deutschen Adaptation hohe Reliabilitäts- und konvergente Validitätskoeffizienten und eine gute diagnostische Übereinstimmung mit interviewgestützter Fremddiagnostik auf (Zimmerman et al., 1986, Zimmerman & Coryell, 1987, 1988, Kühner & Veiel, 1993). Er eignet sich damit sowohl zur reliablen und validen Bestimmung der Depressionsschwere als auch zum Screening depressiver Episoden im Rahmen der kategorialen Falldiagnostik. Inzwischen liegt eine deutschsprachige Kurzform des Verfahrens (18 Items) zur Stellung von DSM-IV Diagnosen (APA, 1994) in publizierter Form vor (Fragebogen zur Depressionsdiagnostik nach DSM-IV (FDD-DSM-IV), Kühner, 1997).

Der IDD wurde in der Verlaufsstichprobe als einziges Instrument zu allen Meßzeitpunkten (T0 bis T3) eingesetzt. Mit den Kursteilnehmern wurde er zusätzlich zu Kursbeginn und Kursende sowie zu den beiden Zwischensitzungen erhoben, wobei in den Zwischensitzungen die Version IDD-M eingesetzt wurde.

3.4.3 Psychosoziale Bedürfnisse

Zur Erfassung psychosozialer Bedürfnisse und Persönlichkeitsmerkmale wurde zu T1 und T2 die deutsche Personality Research Form (PRF, Stumpf et al., 1985) eingesetzt. Die PRF ist ein multivariater Persönlichkeitsfragebogen zur Erfassung grundlegender Persönlichkeitsmerkmale nach der Personologie Murrays (1938). Das Inventar besteht aus 234 Items, von denen je 16 einer von 14 Inhaltsskalen zugeordnet sind, die restlichen 10 Items bilden die Validitätsskala. Die Inhaltsskalen umfassen Achievement (Leistungsstreben), Affiliation (Geselligkeit), Aggression (Aggressivität), Dominance (Dominanzstreben), Endurance (Ausdauer), Exhibition (Bedürfnis nach Beachtung), Harmavoidance (Risikomeidung), Impulsivity (Impulsivität), Nurturance (Hilfsbereitschaft), Order (Ordnungsstreben), Play (spielerische Grundhaltung), Social Recognition (soziales Anerkennungsbedürfnis), Succorance (Anlehnungsbedürfnis) und Understanding (allgemeine Interessiertheit). Der PRF beansprucht, relativ psychopathologieferne Persönlichkeitseigenschaften zu erfassen (Stumpf & Angleitner, 1989). In der Studie von Veiel et al. (1991a) lagen die Sechs-Monats-Retestkoeffizienten der 14 Primarskalen im Mittel bei r=.74, wonach von einer guten Zeitstabilität der erfaßten Merkmale ausgegangen werden kann, insbesondere unter Berücksichtigung der Fluktuation der Depressivität der Patienten über dieses Sechs-Monats-Intervall.

Veiel et al. (1991a) ermittelten an einer Teilstichprobe der DFG-Studie eine Sekundär-Faktorenstruktur mit 5 Faktoren, die einer Faktorenlösung von Stumpf & Belloch-Till (1979) sehr ähnlich war. Diese Sekundärfaktoren wurden für die vorliegende Studie übernommen, entsprechend der Ladungsverteilung der Primärskalen sind sie wie folgt benannt: „Dominanzstreben“ (Dominance), „Leistungsstreben“ (Achievement), „Ängstliche Gehemmtheit“ (Impulse Control), „Abhängigkeit“ (Dependency) und „Bedürfnis nach aktiver sozialer Interaktion“ (Sociability). Der Range der Stabilitätskoeffizienten der Sekundärfaktoren über 6 Monate reicht nach Veiel et al. (1991a) von $r = .77$ (Leistungsstreben) bis $r = .84$ (Ängstliche Gehemmtheit).

3.4.4 Bewältigungsstrategien

In Anlehnung an Folkman & Lazarus (1986) und Perrez & Reicherts (1985) wurde im Rahmen des vorgeschalteten DFG-Projekts ein Coping-Fragebogen entwickelt, der kognitive und soziale Bewältigungsstrategien in vier hypothetischen Konfliktsituationen erfaßt (FBSit, Veiel et al., 1991b). Die vier potentiell belastenden Situationen umfassen jeweils zwei Frustrations- und zwei

Verlusterlebnisse, dabei handelt es sich um je ein kontrollierbares und ein nicht kontrollierbares Ereignis. Quelle der Belastung sind andere Personen. Pro Situation sind 14 Items (4-Punkt-Likert-Skalen) zu beantworten.

Die ersten drei Items erfordern eine generelle Situationseinschätzung bezüglich Wandelbarkeit, Kontrollierbarkeit und Belastung, was einer Operationalisierung des „appraisal"-Konzepts entspricht, dessen Relevanz im Vorfeld von Bewältigungsverhalten v.a. von der Arbeitsgruppe um Lazarus (Folkman & Lazarus 1980, Folkman et al., 1986) betont wird.

11 weitere Items repräsentieren das eigentliche Bewältigungsverhalten. In Anlehnung an Klauer et al. (1985) wurden bei der Itemkonstruktion drei a priorische bipolare Basisdimensionen berücksichtigt: a) auf der Verhaltensebene wird zwischen kognitiv-intrapsychischem und aktional-motorischem Verhalten unterschieden, b) die Dimension der Soziabilität unterscheidet Bewältigungsverhalten mit und ohne Einbeziehung sozialer Ressourcen und c) die Dimension der Aufmerksamkeitsorientierung differenziert nach Fokussierung bzw. Distanzierung vom belastenden Ereignis.

Für die Zwecke der vorliegenden Studie wurde eine 4-Faktoren-Lösung (Hauptkomponentenanalyse, schiefwinklige Rotation) von Veiel et al. (1991a) übernommen. Diese wurde mit den gemittelten Items über die vier Situationen gewonnen und erklärte in der Patientenstichprobe 64.3%, in einer Studentenstichprobe 65.4% der Varianz. Inhaltlich sind die Skalen wie folgt definiert: 1. „Negative Situationseinschätzung" (3 Items), 2. „Suche nach Sozialer Unterstützung" (4 Items), 3. „Passivität/Vermeidung" (4 Items) und 4. „Ablenkung" (3 Items). Der FBSit wurde zu den Meßzeitpunkten T1 und T3 eingesetzt.

3.4.5 Soziale Unterstützung

Soziale Unterstützung wurde zu T1 bis T3 mittels des „Mannheimer Interviews zur Sozialen Unterstützung" (MISU, Veiel, 1987, 1990) erhoben. Das MISU erfaßt das soziale Unterstützungsnetzwerk einer Person in einer Unterstützungsmatrix von Personen x Unterstützungsfunktionen. Dies ermöglicht eine flexible Auswertung sowohl netzwerk- als auch funktionsorientierter Aspekte und eine genaue Zuordnung von Unterstützungsfunktionen zu einzelnen Personen bzw. Personengruppen des sozialen Netzwerks. Der Hauptteil des Interviews besteht aus 12 Fragen zu prototypischen Situationen, welche alltägliche Interaktionen spezifizieren oder eine bestimmte Unterstützungsleistung erfordern. Die Support-Matrix erlaubt die Unterscheidung zwischen Alltags- und Krisenunterstützung, psychologischer und instrumenteller Unterstützung, und verschiedenen Quellen sozialer Unterstützung, z.B. Partnern, Verwandten, Freunden oder Funktionsbekannten.

Die Probanden werden gefragt, welche Personen in den vorgegebenen Situationen die geforderte Unterstützung leisten würden. Damit werden anhand der MISU wahrgenommene Strukturen sozialer Unterstützung erfaßt. Das Instrument versucht jedoch den Einfluß subjektiver Bewertungen in den Hauptfragen dadurch zu minimieren, daß aktuelle und potentielle Unterstützungsleistungen konkret und detailliert beschrieben werden und die Nennung konkreter Personen gefordert wird.

Subjektive Bewertungen werden darüber hinaus explizit anhand globaler Einschätzungen zur Zufriedenheit (Angemessenheit) mit der erhaltenen Unterstützung pro Funktionsbereich und zur Zufriedenheit mit der Beziehung zu jeder Person des Unterstützungsnetzwerks erfaßt.

Ausfühliche Darstellungen zu den psychometrischen Gütekriterien der MISU finden sich in Veiel (1990), sie seien hier nur kurz zusammengefaßt. Test-Retest-Stabilitäten wurden an einer Studentenstichprobe und an einer Teilstichprobe der DFG-Stichprobe erhoben. In der Studentenstichprobe (Retestintervall 4 Wochen) lagen die Koeffizienten im Bereich r = .70-.80 (Verwandtenvariablen) bzw. im Bereich r = .66-.84 (Bekanntenvariablen), in der Patientenstichprobe (Retestintervall 6 Monate) bei r = .46-.79 (Verwandte) und r = .42-.73 (Bekannte). Diese Angaben beziehen sich auf Netzwerk*größen,* nicht auf die Überschneidung spezieller *Personen* zu den jeweiligen Meßzeitpunkten.

Für die vorliegende Studie wurden folgende MISU-Variablen abgeleitet:

- Größe des Unterstützungsnetzwerks über alle prototypischen Situationen
- Kontaktfrequenz mit dem Unterstützungsnetzwerk
- Netzwerkgröße psychologische Alltagsunterstützung
- Netzwerkgröße psychologische Krisenunterstützung
- Netzwerkgröße instrumentelle Alltagsunterstützung
- Netzwerkgröße instrumentelle Krisenunterstützung
- Subjektive Zufriedenheit mit der erhaltenen Unterstützung

Aufgrund inhaltlicher Überlegungen (vgl. Veiel, 1990) wurden - mit Ausnahme der Zufriedenheitsvariable - alle Scores getrennt für Verwandte und Bekannte berechnet.

3.4.6 Kritische Lebensereignisse und chronische Belastungen

Die Streßbelastung wurde mit der „Life Event and Difficulty Schedule" (LEDS) von Brown & Harris (1978) zu T2 retrospektiv für das Sechs-Monats-Intervall T1-T2 und zu T3 retrospektiv für das Intervall T2-T3 erhoben.

Die LEDS ist ein halbstandardisiertes Interview, das aktuelle Lebensereignisse und chronische Belastungen („difficulties"), denen der Proband im Untersuchungszeitraum ausgesetzt war, erfassen soll. Mögliche Lebensereignisse und längerdauernde Belastungen umfassen die Bereiche „Gesundheit", „Außergewöhnliche Ereignisse und Krisensituationen", „Arbeit", „Wohnen", „Ehe, Familie und Freunde" sowie „Übergreifende Ereignisse". Die Einschätzung der kurz- und längerfristigen Bedrohung („threat") durch die aktuellen Ereignisse und chronischen Belastungen, ebenso wie zahlreiche weitere Dimensionen dieser Ereignisse und Difficulties, erfolgen durch einen geschulten Beurteiler nach vorgegebenen, in einem ausführlichen Glossar festgelegten Regeln. Eine Besonderheit des Instruments liegt darin, daß zwischen subjektiv erlebter und objektiver Bedrohung unterschieden wird, bei welcher der spezifische Lebenskontext des Probanden Berücksichtigung findet. Eine weitere wichtige Dimension ist die Unabhängigkeit von der psychischen Störung, bei der unterschieden wird zwischen „mit ziemlicher Sicherheit unabhängig" (z.B. plötzlicher Tod eines nahen Angehörigen), „wahrscheinlich unabhängig" (Ereignisse, die mit Entscheidungen oder Vernachlässigungen durch den Probanden oder Trennungssituationen zusammenhängen) und „direkt krankheitsbezogene Ereignisse" (z.B. Wiederaufnahme in stationär-psychiatrische Behandlung).

Durchführung und Auswertung der LEDS erfordern einen extrem hohen zeitlichen Aufwand (mindestens einwöchiges Intensivtraining durch die Autoren, Durchführung des mehrstündiges Interviews, Tonbandaufzeichnung, Transkript-Erstellung und Durchführung der Ratings anhand der Transkripte sowie des umfangreichen Glossars und mehrbändiger Beispielsammlungen, kontinuierliche „consensus-meetings"). Die LEDS wurde zu den Meßzeitpunkten T2 und T3 an den ehemals stationär rekrutierten Patienten der Studienphase 1 erhoben. Bedingt durch fehlende personelle und finanzielle Ressourcen konnte sie dagegen bei den Patienten der Studienphase 2 nicht mehr durchgeführt werden. Damit liegen LEDS-Informationen nur für die o.g. Teilstichprobe vor.

3.4.7 Dysfunktionale Attituden

Depressionsrelevante Kognitionen und Grundüberzeugungen wurden bei den Kursteilnehmern vor und nach der Interventionsphase (Vorgespräch und letzte Gruppensitzung) anhand der „Skala dysfunktionaler Einstellungen“ (DAS, Weissman & Beck, 1978, deutsche Version Hautzinger et al., 1985) erhoben.

Die DAS besteht aus 40 siebenstufigen Items, die den Grad der Zustimmung bzw. Ablehnung zu vorgegebenen (30 dysfunktionalen und 10 adaptiven) Attituden repräsentieren. Mit der DAS sollen kognitive Schemata erfaßt werden, die typisch depressiv verzerrte negative oder unangemessene Überzeugungen repräsentieren. Diese dysfunktionalen Überzeugungen richten sich gegen die eigene Person, die Umwelt und die Zukunft, sie werden als stabil betrachtet. Nach Hautzinger et al. (1985) weist die DAS eine akzeptable Retest-Reliabilität auf und korreliert signifikant mit konstruktnahen Fragebogen zur Messung negativ verzerrter Kognitionen. Die Skala differenziert nach einer Übersicht von Roehrle (1988) auch zwischen Depressiven und Gesunden. Dagegen ist der Anspruch, mit der DAS depressionsspezifische Kognitionen zu erfassen, nach derzeitigem Forschungsstand nicht gesichert. Vielmehr ist davon auszugehen, daß sie globale kognitive Strukturen repräsentiert, die Indikatoren genereller psychischer Beeinträchtigung darstellen (vgl. Roehrle, 1988).

3.4.8 Anhedonie

Mit den Kursteilnehmern wurde desweiteren vor und nach der Interventionsphase der Tübinger Anhedonie-Fragebogen (TAF, Zimmer, 1990) durchgeführt. Der TAF beansprucht, ein zentrales Kernsymptom der Depression abzubilden, nämlich den Verlust der Freude an angenehmen Tätigkeiten. Nach lerntheoretischen Annahmen entsteht Anhedonie durch ein zu geringes Maß an verhaltenskontingenter Verstärkung, was zu Passivität und Rückzugsverhalten führt. Anhedonie wird im Rahmen dieses Konzepts als auslösende und aufrechterhaltende Bedingung der Depression betrachtet. Der TAF beinhaltet 55 Items, die verschiedene Bereiche potentiell angenehmer Tätigkeiten umfassen. Für jedes Item schätzt der Proband ein, a) wie häufig er die entsprechende Aktivität in den vergangenen vier Wochen durchgeführt hat, und b) wie angenehm diese erlebt wurde oder erlebt worden wäre. Neben den Summenwerten für Frequenz (TAF-F) und Verstärkerpotential (Angenehmheit, TAF-P) läßt sich ein Produkt-Summenwert aus beiden Skalen (erhaltene Verstärkung, TAF-V) berechnen.

Zimmer (1990) berichtet über eine Retest-Reliabilität von r=.90 bei Vorgabe des TAF im Abstand von einer Woche. In verschiedenen Studien der Autorin trennten alle drei Subskalen signifikant zwischen Depressiven und Gesunden. In einer Therapiestudie mit depressiven Patienten mit und ohne Pharmakotherapie zeigte der Fragebogen auch eine gute Veränderungssensibilität von Therapiebeginn nach Therapieende (vgl. zsf. Zimmer, 1990).

Für die Analysen der vorliegenden Studie wurden die TAF-Scores der drei Subskalen (TAF-F, TAF-P, TAF-V), jeweils gemittelt über alle Items, verwendet.

3.5 Beschreibung der Gruppenintervention

Der „Coping with Depression Course" nach Lewinsohn (Lewinsohn et al., 1984, deutsch: Herrle & Kühner, 1994) ist konzeptuell den störungsspezifischen psychoedukativen Gruppen zuzuordnen (vgl. Fiedler, 1995, Zielke, 1993a).

Das Kursprogramm läßt sich durch folgende Prinzipien charakterisieren: 1.) *Multimodalität*: Verschiedene Methoden und Strategien für den Umgang mit Problemen werden vermittelt, die für die Entstehung und Aufrechterhaltung von Depressionen als relevant erachtet werden (z.B. Probleme der sozialen Interaktion, reduzierte angenehme Tätigkeiten, Anspannung und negative Kognitionen). Der Kurs integriert kognitiv-behaviorale Strategien, die sich in der Depressionsbehandlung als effektiv zur Bearbeitung dieser Problembereiche erwiesen haben. 2.) *Strukturiertheit*: Der Kurs ist inhaltlich und formal hoch strukturiert und zeitlich begrenzt (im Originalformat von Lewinsohn et al., 1984 auf 12 zweistündige Sitzungen über 8 Wochen). In der Regel nimmt eine geschlossene Gruppe von 6-8 Teilnehmern bei einem oder zwei Therapeuten teil. Bei der Durchführung des Programms wird mit einem Manual für Therapeuten (Lewinsohn et al., 1984, deutsch: Herrle & Kühner, 1994) und einem Übungsbuch für Kursteilnehmer (Brown & Lewinsohn, 1984b, deutsch: Herrle & Kühner, 1994) gearbeitet, fakultativ wird das Selbsthilfebuch „Der Weg zum Seelischen Gleichgewicht" (Lewinsohn et al., 1982) mit einbezogen. Alle Gruppensitzungen sind unterteilt in kleine Vorträge der Therapeuten, Hausaufgabenbesprechungen, Rollenspiele und strukturierte Aufgaben. 3.) Der Kurs ist *übungs- und zielorientiert*, gruppendynamische Prozesse werden nicht zum Gegenstand therapeutischer Interaktionen gemacht. 4.) Der Kurs ist eine *psychoedukative Intervention*, keine Therapie. Der Kursleiter hat die Aufgabe eines Lehrers und Trainers, und den Teilnehmern wird eine aktive und selbstverantwortliche Rolle bei der Aneignung und Umsetzung der Kurselemente zugesprochen.

Abbildung 3 gibt einen Überblick zu den einzelnen Bausteinen des Programms, die im folgenden kurz beschrieben werden (vgl. ausführlich Herrle & Kühner, 1994).

In der *ersten Sitzung* werden die Grundprinzipien des Kurses erläutert, Gruppenregeln für die gemeinsame Arbeit aufgestellt und ein Überblick über den sozialen Lernansatz bei Depressionen gegeben. Den Teilnehmern wird vermittelt, wie durch den Verlust positiver Erfahrungen und Interaktionen mit der Umwelt Depressionen entstehen und aufrechterhalten werden können. Die wechselseitige Beeinflussung von Verhalten, Gefühlen und Gedanken wird verdeutlicht, und es wird aufgezeigt, an welcher Ebene die einzelnen Kurselemente ansetzen werden. Die Teilnehmer haben bereits zur ersten Sitzung mit einer täglichen Stimmungsprotokollierung begonnen, die über den gesamten Kurs fortgesetzt wird.

In der *zweiten Sitzung* wird die Anwendung eines Selbstmodifikationsplans eingeführt und geübt. Die einzelnen Schritte werden anhand praktischer Beispiele diskutiert. Ziel der Sitzung ist es, daß die Teilnehmer ein grundlegendes Verständnis für die Prinzipien der Selbstmodifikation erhalten, da diese für die Problembereiche der nachfolgenden Sitzungen anzuwenden sind.

Sitzung drei und *vier* vermitteln die Anwendung von Entspannungsverfahren. Die progressive Muskelentspannung nach Jacobson wird durchgeführt, und die Benson-Technik wird vorgestellt. Mit den Teilnehmern wird erarbeitet, wie Entspannung möglichst effektiv im Alltag einzusetzen ist, z.B. zu bestimmten Tageszeiten oder in wiederkehrenden belastenden Situationen. Die Hausaufgaben bestehen im täglichen Protokollieren von Anspannung und in der Durchführung von Entspannungsübungen.

Sitzung fünf und *sechs* focussieren die Beziehung zwischen angenehmen Tätigkeiten und Stimmung. Mit den Teilnehmern werden Häufigkeit und Angenehmheit potentiell positiver Aktivitäten erörtert und Störbedingungen sowie deren Lösungsmöglichkeiten diskutiert. Die Teilnehmer erstellen schließlich einen Wochenplan zur Steigerung angenehmer Tätigkeiten.

Sitzung sieben und *acht* befassen sich mit dem Zusammenhang zwischen negativen Gedanken und Stimmung. Zwei Ansätze zur Arbeit mit depressiven

Abbildung 3:
Bausteine des „Coping with Depression Course“ (Lewinsohn et al. , 1984)

1	*Einführung: Depression und soziales Lernen*
2	*Einführung: Selbstmodifikation*

3	*Einführung: Entspannungstraining*
4	*Entspannung im Alltag*

5	*Angenehme Aktivitäten und Depression*
6	*Erstellung eines Aktivitätsplans*

7	*Einführung: Konstruktives Denken*
8	*Plan für konstruktives Denken*

9	*Einführung: Soziale Fertigkeiten*
10	*Anwendung von sozialen Fertigkeiten*

11	*Erfolge sichern*
12	*Erstellung eines Lebensplans*

Kognitionen werden vorgestellt, zum einen verhaltenstherapeutische Techniken zur Erhöhung positiver und zur Reduzierung negativer Gedanken, zum anderen die ABC-Methode nach Ellis (Ellis, 1977). Die Techniken werden in Kleingruppen geübt. Hausaufgaben dieser Sitzungen sind die Erstellung einer Liste positiver und negativer Gedanken und die Anwendung der vermittelten Techniken mit Hilfe von Protokollbögen.

Neunte und *zehnte Sitzung* befassen sich mit Selbstsicherheit und der Steigerung sozialer Aktivitäten. Anhand individueller Problem-situationen wird im Rollenspiel geübt. Die Teilnehmer diskutieren über soziale Aktivitäten, die sie steigern möchten und über Aktivitäten, die sie dazu reduzieren sollten. Für die folgende Woche werden spezifische Aktivitätspläne erstellt.

Sitzung elf und *zwölf* dienen zur Erstellung eines Plans zur Sicherung des bisher Erreichten. Die Teilnehmer fassen die im Kurs behandelten Problembereiche zusammen und entscheiden, welche Techniken sie weiterhin anwenden möchten. Die Erstellung eines „Lebensplans“ soll den Teilnehmern helfen, persönliche Ziele und Wertvorstellungen einzuschätzen und zukünftige belastende Ereignisse zu antizipieren und zu bewältigen.

3.6 Praktischer Forschungsablauf

3.6.1 Rekrutierung von Patienten mit stationärer Indexepisode

Die ursprünglich stationär rekrutierten Patienten der *Studienphase 1* durchliefen, wie bereits erwähnt, die Meßzeitpunkte T0, T1 und T2 im Rahmen der vorgeschalteten DFG-Studie. Mit den behandelnden Ärzten aller Psychiatrischer Stationen des ZISG wurden im Rahmen mehrmaliger Kontakte pro Woche die Neuaufnahmen hinsichtlich der Ein- und Ausschlußkriterien besprochen. Bei geeigneten Patienten für die Verlaufsstudie wurde vom Arzt die vorläufige Erlaubnis zur Kontaktaufnahme durch einen Studienmitarbeiter eingeholt. Beim Erstkontakt (T0) wurden die Patienten über die Ziele und Inhalte der Verlaufsstudie informiert, sowie über die Freiwilligkeit der Teilnahme und die Möglichkeit, diese jederzeit abbrechen zu können. Von den Patienten wurde dann die schriftliche Einverständniserklärung eingeholt. Die nachstationären Interviews T1 und T2 wurden von Studienmitarbeitern je nach Wunsch des Patienten entweder bei diesem zu Hause oder am Institut durchgeführt. Am Ende des T2-Interviews wurden durch den jeweiligen Interviewer die Kurseinschlußkriterien geprüft. Kursgeeignete Patienten wurden über die Ziele und Inhalte des Kursprogramms „Depression bewältigen“ informiert, und es wurde auf die Möglichkeit verwiesen, an einem solchen Kursprogramm teilzunehmen. Patienten, die Interesse am Kursprogramm bekundeten und solche, die sich unschlüssig waren, erhielten ein Informationsblatt und wurden um ihr Einverständnis zur telefonischen Kontaktaufnahme durch einen der beiden Kursleiter des folgenden Kurses gebeten. Im Laufe der nächsten Tage nahm dieser Kontakt mit dem Patienten auf und vereinbarte einen Vorgesprächstermin. Zu diesem Termin wurden ausführlich Ziele, Inhalte und Prinzipien des Kursprogramms verdeutlicht und die Motivationslage des Patienten geklärt. Auf die Freiwilligkeit der Teilnahme an der Interventionsgruppe wurde hingewiesen, ebenso auf die Möglichkeit, diese jederzeit abbrechen zu können. Bei Patienten, die sich im Vorgespräch entschieden, an einem Kurs teilzunehmen, wurde das Einverständnis eingeholt, und ihnen wurde die DAS und der TAF ausgehändigt mit der Bitte, diese zur ersten Gruppensitzung ausgefüllt mitzubringen.

Alle Patienten, Kursteilnehmer und Nichtteilnehmer, wurden zu T2 auch nach ihrer vorläufigen Bereitschaft gefragt, sich nach Ablauf von ca. 17 Monaten nochmals wegen eines Interviewtermins (T3) ansprechen zu lassen. Lehnte ein Patient dies ab, so wurde mit ihm zu T3 kein Kontakt aufgenommen. Mit den restlichen Patienten wurde vor T3 in telefonischem Kontakt die Bereitschaft zur Teilnahme nochmals abgeklärt und, falls gegeben, das endgültige Einverständnis beim Interviewtermin eingeholt.

Die Rekrutierung stationärer Patienten der *Studienphase 2* (im Rahmen der BMFT-Studie) und die Erhebung der nachstationären Meßzeitpunkte der Verlaufsstudie entsprach der von Studienphase 1. Die Patienten der Studienphase 2 wurden zu T0 darüber hinaus unterrichtet, daß im Rahmen der Studie auch die Möglichkeit bestünde, nach dem Erstgespräch nach Entlassung (T1) an einer Gruppenintervention teilzunehmen, sofern keine Hinderungsgründe vorlägen. Das Procedere zur Kursrekrutierung zum Meßzeitpunkt T1 entsprach dem der o.g. DFG-Stichprobe zu T2.

3.6.2 Rekrutierung ambulanter Patienten

Ambulante Patienten beider Studienphasen wurden von den behandelnden Ambulanzärzten vermittelt. Im Gegensatz zu den stationär rekrutierten Patienten konnten diese nur dann von Projektmitarbeitern kontaktiert werden, wenn Interesse an einer Kursteilnahme bestand. Über die behandelnden Ärzte erfolgte eine Vorselektion a) bezüglich der generellen Einschlußkriterien einer unipolar depressiven Behandlungsdiagnose nach ICD-9, b) bezüglich der speziellen Kurseinschlußkriterien (keine parallele Einzelpsychotherapie, keine Wechselschicht oder zu große Entfernung, und c) bezüglich der Abklärung der Motivation zur Kursteilnahme. Eine Gesamterhebung aller Ambulanzpatienten, die die generellen Studieneinschlußkriterien erfüllten, war aus datenschutzrechtlichen Gründen nicht möglich, sodaß für diese Teilgruppe keine Aussagen über potentielle Kursverweigerer und Patienten gemacht werden können, die sich in ambulanter Einzelpsychotherapie befanden oder aus sonstigen praktischen Gründen aus der Intervention ausgeschlossen worden wären.

Bei den Ambulanzpatienten beider Studienphasen wurde im Rahmen des Kursvorgesprächs ein Interview durchgeführt, das eine geringfügig modifizierten T1-Version (Studienphase 2) bzw. T2-Version (Studienphase 1) des Interviews mit stationär rekrutierten Patienten darstellte und entsprechende Informationen zu Psychopathologie, psychosozialen Bedürfnissen, Coping und sozialer Unterstützung erhob. Von den Patienten der Studienphase 1 wurde das vorläufige Einverständnis zu einer weiteren Kontaktaufnahme nach Kursende (T3) eingeholt, von den Patienten der Studienphase 2 das zur erneuten Kontaktaufnahme T2. Letztere gaben zum Meßzeitpunkt T2 wiederum ihr vorläufiges Einverständnis zur erneuten Kontaktaufnahme zu T3, das vor Durchführung des T3-Interviews endgültig bestätigt wurde.

3.6.3 Kursdurchführung

Im Rahmen der vorliegenden Studie wurden mit insgesamt 87 Patienten, von denen 71 den Kurs regulär beendeten, 16 Gruppen mit jeweils vier bis acht Patienten und zwei Kursleitern durchgeführt. Die Kurse wurden entweder von zwei Diplom-Psychologen oder einem Diplom-Psychologen und einem Arzt durchgeführt. Mindestens einer der beiden Therapeuten, die zusammen einen Kurs leiteten, war erfahren in der Durchführung Klinischer Verhaltenstherapie. Wöchentliche Supervisionsgruppen dienten der Vereinheitlichung des therapeutischen Vorgehens.

Das Originalformat des Kurses (12 zweistündige Sitzungen innerhalb 8 Wochen) wurde nach Rücksprache mit P. Lewinsohn wie folgt modifiziert: Pro Gruppe wurden 16 wöchentliche Sitzungen durchgeführt, in die auch vier Zwischensitzungen integriert wurden. Diese fanden nach der vierten, sechsten, achten und zehnten regulären Sitzung statt. Neben der Erhebung therapiebegleitender Diagnostik (erste und dritte Zwischensitzung) dienten die Zwischensitzungen vor allem dazu, die Fülle des Lernstoffs zu verteilen. Die Dauer der einzelnen Sitzungen wurde dagegen von zwei Stunden auf 90 Minuten verkürzt, um v.a. Patienten mit ausgeprägter Symptomatik durch den zeitlichen Umfang der einzelnen Sitzungen kognitiv und motivational nicht zu überfordern. Von den Kursleitern wurden nach jeder Sitzung Anwesenheit, Durchführung der Hausaufgaben und Grad der Beteiligung an der Sitzung dokumentiert.

4 ERGEBNISSE

In den folgenden Kapiteln werden die Gesamtergebnisse zur Akzeptanz des Gruppenprogramms, sowie zu Kurz- und Langzeiteffekten der Intervention und deren Erfolgsprädiktoren vorgestellt. Teilergebnisse zu diesen Fragestellungen sind auch bereits an anderer Stelle publiziert (Kühner & Angermeyer, 1994, Kühner et al., 1994, 1996).

4.1 Stichprobenaufkommen und Drop-Outs der Verlaufsstudie

Im Rekrutierungszeitraum wurden im Rahmen der vorgeschalteten DFG-Studie (Studienphase 1, 1/87 bis 11/90) und der nachfolgenden BMFT-Studie (Studienphase 2, 11/90 – 4/92) insgesamt 357 unipolar depressive Patienten für die Verlaufsstudie rekrutiert, die die in Kapitel 3.3 aufgeführten Einschlußkriterien erfüllten. Eine Aufsplittung der durchgeführten Erhebungen auf die verschiedenen Subgruppen und Meßzeitpunkte der Verlaufsstudie findet sich in Tabelle 1. In Klammern sind die Drop-Out-Raten, bezogen auf den jeweils letzten Meßzeitpunkt, aufgeführt.

In Stichprobe A (stationär rekrutierte Patienten der Studienphase 1) betrug das Stichprobenaufkommen zu T2 (Zeitpunkt der Kursrekrutierung) n = 190 Patienten. Die ursprüngliche DFG-Stichprobengröße unipolar Depressiver lag zu T0 bei n = 255 Patienten, der Drop-Out zu T1 betrug n = 36 Patienten (14.2%), zu T2 n = 29 Patienten (13.2% der Ausgangsstichprobe T1).

Für Stichprobe B (stationär rekrutierte Patienten der Studienphase 2) lag die Ausgangsstichprobe unipolar Depressiver zu T0 bei n = 82 Patienten. Der Drop-Out zu T1 war mit n = 13 Patienten (15.9%) ähnlich hoch wie in der DFG-Stichprobe, dagegen zu T2 mit n = 2 Patienten (2.9% der Ausgangsstichprobe T1) signifikant niedriger als in der DFG-Stichprobe (χ^2 = 5.77 (1), p <.05). Kombiniert für beide Teilstichproben betrug der Drop-Out von T0 nach T1 14.5%, von T1 nach T2 10.7%. Auf die Drop-Out-Raten zum Langzeit-Follow-Up wird ausführlich in Kapitel 4.5.1 eingegangen.

4.2 Analysen zur Akzeptanz der Gruppenintervention

Bei Interventionsstudien liegen in der Regel keine Informationen zu potentiellen Ablehnungsraten und zu patientenbezogenen Determinanten der Therapieakzeptanz vor. Eine Besonderheit der vorliegenden Studie ist darin zu sehen, daß alle

Tabelle 1:
Durchgeführte Interviews und Drop-Outs

Teilstichprobe	**TØ**	**T1 (D.O.%)**	**$T1_A$**	**T2 (D.O.%)**	**$T2_A$**	**T3 (D.O.%)**
A (Studienphase 1):						
Gesamt	255	219 (14.2)	-	190 (13.2)		120 (36.8)
- Kursbeender			-	30	30	28 (6.7)
- Kursabbrecher			-	11	11	8 (27.3)
- Kursverweigerer			-	49	-	30 (38.8)
- Einzelpsychotherapie			-	22	-	14 (36.4)
- Schicht/Entfernung			-	26	-	14 (46.2)
- Zeitkontrollgruppe			-	52	-	26 (50.0)
B (Studienphase 2):						
Gesamt	82	69 (15.9)		67 (2.9)		62 (7.5)
- Kursbeender		23	23	23 (0.0)	-	22 (4.3)
- Kursabbrecher		3	3	3 (0.0)	-	3 (0.0)
- Kursverweigerer		20	-	19 (5.0)	-	18 (5.3)
- Einzelpsychotherapie		19	-	19 (0.0)	-	17 (10.5)
- Schicht/Entfernung		4	-	3 (25.0)	-	2 (33.3)
C (Studienphase 1):						
- Kursbeender	-	-	-	9	9	9 (0.0)
- Kursabbrecher	-	-	-	1	1	0 (100.0)
D (Studienphase 2):						
- Kursbeender	-	9	9	9 (0.0)	-	9 (0.0)
- Kursabbrecher	-	1	1	1 (0.0)	-	0 (100.0)

Erläuterungen:
A: stationär rekrutierte Patienten mit Kursangebot 7 Monate nach Entlassung (TØ-T2: DFG-Studie)
B: stationär rekrutierte Patienten mit Kursangebot 4 Wochen nach Entlassung (TØ-T2: BMFT-Studie)
C: ambulante Patienten, parallel zu A rekrutiert (T2)
D. ambulante Patienten, parallel zu B rekrutiert (T1)
TØ: stationäre Akutphase
T1: 4 Wochen nach Entlassung
$T1_A$: Kursvorgespräch, Stichproben B und D
T2: 7 Monate nach Entlassung
$T2_A$: Kursvorgespräch, Stichproben A und C
T3: 2 Jahre nach Entlassung
D.O.%: Drop-Out % bezogen auf den jeweils vorigen Meßzeitpunkt

Patienten mit stationärer Indexepisode die verschiedenen nachstationären Meßzeitpunkte durchliefen, unabhängig davon, ob sie am Kursprogramm teilnahmen oder nicht. Dadurch, daß für Kursteilnehmer und Nichtteilnehmer detaillierte Informationen zu den einzelnen Meßzeitpunkten vorliegen, können konkrete Aussagen zu patientenspezifischen Merkmalen der Kursakzeptanz und des vorzeitigen Drop-Out gemacht werden.

Im folgenden Kapitel wird zunächst der Attritionsverlauf des Stichprobenaufkommens für die Kursintervention beschrieben. Daran anschließend werden Ergebnisse zu patientenbezogenen Merkmalen von Therapieverweigerern, Kurs-Akzeptanten und Patienten, die wegen paralleler Einzelpsychotherapie kein Kursangebot erhielten, vorgestellt. Diese Analysen sollen Aufschluß darüber geben, ob bei der Annahme des Kursangebots eine patientenspezifische Selektion wirksam war. Im Hinblick auf später zu treffende Aussagen zur Effektivität der Intervention interessierte dabei insbesondere, ob sich Kursverweigerer und Kursakzeptanten bezüglich depressionsverlaufsrelevanter klinischer Merkmale, wie Schwere der Symptomatik zum Zeitpunkt der Kursrekrutierung und Depressionsverlauf vor Kursbeginn, unterscheiden. In einem weiteren Kapitel werden Kursbeender und Kursabbrecher hinsichtlich relevanter Eingangsmerkmale vor Kursbeginn verglichen.

4.2.1 Stichprobenaufkommen für die Kursteilnahme

Als Ausgangsstichprobe unipolar Depressiver mit stationärer Indexepisode standen zum Zeitpunkt der Kursrekrutierung (für die Patienten der Studienphase 1: Meßzeitpunkt T2, für die Patienten der Studienphase 2: T1, siehe Tabelle 1) insgesamt 259 Patienten zur Verfügung. Dabei handelt es sich um 190 Patienten aus Studienphase 1, welche die vorgeschaltete DFG-Studie bis zum Meßzeitpunkt T2 durchlaufen hatten, sowie um 69 Patienten der Studienphase 2, die im Rahmen der BMFT-Studie zu T1 interviewt worden waren. Der Drop-Out für die Kursteilnahme, kombiniert für Studienphase 1 und 2, setzt sich wie folgt zusammen: Die ersten 52 Patienten aus Studienphase 1 (20% der Ausgangsstichprobe) erhielten kein Angebot zur Kursteilnahme (Vorbereitungsphase des BMFT-Projekts). Aus diesem Pool konnten jedoch geeignete Patienten für die späteren Vergleichsanalysen herangezogen werden. Von den restlichen 207 Patienten waren 71 (34.4%) nach unseren speziellen Kurs-Ausschlußkriterien nicht kursgeeignet: 41 dieser Patienten befanden sich zum Zeitpunkt der Rekrutierung in ambulanter Einzelpsychotherapie, weitere 30 Patienten arbeiteten in Wechselschicht oder lebten in zu großer Entfernung vom Institut (> 50 km oder > 1 Stunde Anfahrt). Damit verblieben 136 ehemals stationäre

Patienten, denen ein Angebot zur Kursteilnahme gemacht werden konnte. 69 Patienten (50.7% der Kurs-Geeigneten) lehnten die Teilnahme am Kurs ab. Die Verweigerungsraten zwischen den in Studienphase 1 und 2 rekrutierten Patienten unterschieden sich dabei nicht signifikant (Phase 1: 54.4%, Phase 2: 43.5%, $\chi^2 = 1.44$ (1), *ns.*). Von den 67 Kursbeginnern (Akzeptanten) beendeten 20.9% das Gruppenprogramm vorzeitig. Die Abbruchrate in Studienphase 1 war nicht signifikant höher als die in Studienphase 2 (26.8% vs. 11.5%, $\chi^2 = 2.14$ (1), *ns.*). Somit verblieben 53 Patienten mit stationärer Indexepisode, die das Gruppenprogramm regulär beendeten. Bei den zusätzlich rekrutierten 20 Patienten aus der psychiatrischen Ambulanz beendeten pro Studienphase jeweils 9 Patienten das Programm (Abbruchrate der ambulant rekrutierten Patienten: 2/20 = 10%).

Das Gesamtaufkommen für die Kursteilnahme betrug damit 87 Kursbeginner (Akzeptanten), von denen 71 (81.6%) den Kurs regulär beendeten.

4.2.2 Prädiktoren der Akzeptanz des Gruppenprogramms

Im folgenden wurde die Frage untersucht, inwieweit eine patientenspezifische Selektion bei der Inanspruchnahme des Kursangebots wirksam war. Zu diesem Zweck wurden Kursverweigerer ($n = 69$), Kurs-Beginner (Akzeptanten, $n = 87$) und Patienten, die wegen paralleler Einzelpsychotherapie kein Kursangebot erhalten hatten ($n = 41$), hinsichtlich relevanter soziodemographischer, klinischer und psychosozialer Merkmale zum Zeitpunkt der Kursrekrutierung verglichen. Als Analyseverfahren dienten, in Abhängigkeit vom Skalenniveau der untersuchten Variablen, univariate Varianzanalysen oder χ^2-Tests. Einzelkontraste wurden interpretiert, wenn der zugehörige Globaltest ein Signifikanzniveau von $p <. 10$ aufwies.

Soziodemographische Variablen: Wie aus Tabelle 2 hervorgeht, unterscheiden sich die drei Gruppen nicht signifikant im Anteil Erwerbstätiger, Verheirateter und in Partnerschaft Lebender. Auch die Geschlechterverteilung in den untersuchten Gruppen ist vergleichbar. Dagegen sind die Patienten in Einzeltherapie im Durchschnitt signifikant jünger als Kursverweigerer und Akzeptanten, was auch den höhere Anteil von Patienten mit mindestens einem Kind unter 15 Jahren in dieser Gruppe erklären mag. Gegenüber den beiden Vergleichsgruppen haben Patienten in Einzeltherapie auch eine bessere schulische Ausbildung, gemessen am Anteil höherer Schulabschlüsse, während Alter und Schulbildungsniveau bei Kursverweigerern und Akzeptanten vergleichbar ist.

Tabelle 2:
Soziodemographische Merkmale von Kursverweigerern, Kursakzeptanten und Patienten in ambulanter Einzelpsychotherapie

Variable	**Verweigerer (VWG)** $n = 69$	**Kursbeginner (KB)** $n = 87$	**Einzeltherapie (PTH)** $n = 41$	F **bzw.** χ^2 (df)	**Einzelkontraste**[1)]
Alter (*M,SD*)	43.1 (11.0)	43.6 (10.4)	38.1 (9.9)	4.19 (2,194)*	VWG>PTH KB>PTH
Geschlecht (% w)	56.5%	67.8%	58.5%	2.34 (2)	-
Schulbildungsniveau (% > HS)	36.2%	41.2%	61.0%	6.76 (2)*	PTH>VWG
erwerbstätig/ in Ausbildung	59.4%	51.7%	65.9%	2.46 (2)	-
verheiratet	58.0%	59.8%	73.2%	2.83 (2)	-
Partnerbeziehung	73.9%	69.0%	82.9%	2.80 (2)	-
Kind(er) unter 15 Jahre	21.7%	17.2%	36.6%	5.99 (2)*	(PTH>VWG) PTH>KB

* $p < .05$

1) Gruppenunterschiede ohne Klammer sind mindestens auf dem 5%-Niveau, Gruppenunterschiede in Klammer mindestens auf dem 10%-Niveau signifikant.

ICD-Diagnosen, Krankheitsvorgeschichte und klinischer Status zum Zeitpunkt der Kursrekrutierung: Die in Tabelle 3 aufgeführten ICD-9 Diagnosen beziehen sich auf die ärztlichen Vorbehandlungsdiagnosen, mit denen die Patienten in die Verlaufsstudie aufgenommen worden waren (vgl. Kapitel 3.3). Die Anteile diagnostischer Subkategorien sind in den untersuchten Gruppen vergleichbar, wie auch der Prozentsatz an Patienten, die zum damaligen Zeitpunkt die Kriterien einer Komorbiditätsdiagnose erfüllten. Hierunter sind Patienten mit nichtdepressiver Diagnose nach ICD-9 subsumiert, die über das Depressionsscreening in die Studie aufgenommen worden waren, und solche, die neben der depressiven Einschlußdiagnose eine Nebendiagnose aus ICD-9 300 - 309 erhalten hatten. Auch der Anteil an Patienten, für die die ambulante oder stationäre Behandlungsepisode die erste depressive Lifetime-Episode darstellte, sowie das Alter bei depressiver Ersterkrankung und die insgesamte Krankheitsdauer differieren nicht zwischen den Gruppen.

Tabelle 3:
ICD-Diagnosen und Merkmale der Krankheitsvorgeschichte von Kursverweigerern, Kursakzeptanten und Patienten in ambulanter Einzelpsychotherapie

Variable	**Verweigerer (VWG)** *n* = 69	**Kursbeginner (KB)** *n* = 87	**Einzeltherapie (PTH)** *n* = 41	*F* **bzw.** χ^2 **(*df*)**	**Einzelkontraste**
ICD-9-Diagnose					
- endogene D.	36.2%	39.3%	34.1%	7.68 (6)	-
- neurotische D.	17.4%	29.8%	34.1%		
- depressive Reaktion	27.5%	22.6%	19.5%		
- sekundäre D.	18.8%	8.3%	12.2%		
Komorbiditätsdiagnose Achse I, II	29.0%	25.0%	29.3%	0.40 (2)	-
Ersterkrankung	34.8%	36.4%	39.0%	0.20 (2)	-
Alter bei depressiver Ersterkrankung (*M,SD*)	33.9 (13.8)	33.9 (13.2)	30.9 (12.4)	0.81 (2,193)	-
Krankheitsdauer in Jahren (*M,SD*)	9.3 (10.6)	9.8 (9.7)	7.2 (8.9)	0.99 (2,193)	-

Klinischer Status zum Zeitpunkt der Kursrekrutierung: Deutliche Unterschiede zwischen den Vergleichsgruppen finden sich im klinischen Querschnittsbefund zum Rekrutierungszeitpunkt. Betrachtet man zunächst die quantitativen Summenscores aus Selbst- und Fremdratings (vgl. Tabelle 4), so fällt auf, daß die Gruppe der Kursverweigerer in allen untersuchten Skalen (IDD-Depressionsscore, PSE-Depressionsscore, PSE-Angstscore und CATEGO-Gesamtscore) die niedrigsten, die Patienten in Einzelpsychotherapie die höchsten Durchschnittswerte aufweisen, während die Gruppe der Akzeptanten eine Zwischenstellung einnimmt. Patienten in Einzeltherapie weichen in sämtlichen Skalen im Mittelwert signifikant von der Gruppe der Verweigerer ab. Die Differenzen der Skalenwerte von Akzeptanten und Patienten in Einzeltherapie erreichen dagegen keine statistische Signifikanz, lediglich die PSE-Angstscores der Einzeltherapiepatienten sind gegenüber den Akzeptanten mit statistischer Tendenz erhöht. Auch die Gruppe der Kursakzeptanten zeigt in den Einzelkontrasten in allen Skalen signifikant höhere Ausprägungen als die

Tabelle 4:
Klinische Symptomatik und Behandlungsstatus zum Zeitpunkt der Kursrekrutierung von Kursverweigerern, Kursakzeptanten und Patienten in ambulanter Einzelpsychotherapie

Variable	Verweigerer (VWG) $n = 69$	Kursbeginner (KB) $n = 87$	Einzeltherapie (PTH) $n = 41$	F bzw. χ^2 (*df*)	Einzelkontraste
Depressionsscore IDD (*M,SD*)	15.1 (15.7)	21.0 (14.5)	23.8 (14.2)	5.16 (2,193)**	KB>VWG PTH>VWG
Depressionsscore PSE (*M,SD*)	6.4 (6.0)	8.9 (6.1)	10.2 (7.9)	4.61 (2,118)*	KB>VWG PTH>VWG
Angstscore PSE (*M,SD*)	7.3 (7.1)	9.2 (6.3)	11.7 (8.0)	5.35 (2,194)**	PTH>VWG (KB>VWG) (PTH>KB)
CATEGO Gesamtscore PSE (*M,SD*)	11.0 (11.6)	15.6 (10.3)	19.2 (14.2)	5.96 (2,118)**	KB>VWG PTH>VWG
MDE nach DSM-III-R	15.9%	37.9%	39.0%	10.58 (2)**	KB>VWG PTH>VWG
antidepressive Medikation	50.7%	56.3%	70.7%	4.28 (2)	-

* $p < .05$; ** $p < .01$

Kursverweigerer, mit Ausnahme des PSE-Angstscores, der die Gruppen nur mit statistischer Tendenz trennt. Noch deutlicher werden die Unterschiede, wenn statt der quantitativen Skalenwerte die kategorialen Fallanteile einer Major Depressive Episode nach DSM-III-R zum Zeitpunkt der Rekrutierung betrachtet werden. Gegenüber den Kursverweigerern enthalten sowohl die Gruppe der Akzeptanten als auch die der Patienten in Einzeltherapie einen signifikant höheren Anteil an Patienten, die zu diesem Zeitpunkt die Kriterien einer depressiven Episode erfüllten. Der Anteil aktuell depressiver Fälle war bei den Akzeptanten gegenüber den Verweigerern mehr als doppelt so hoch (37.9% versus 15.9%). Trotz unterschiedlicher klinischer Symptomausprägung ist der Anteil aktuell unter antidepressiver Medikation stehender Patienten in den drei Gruppen nicht signifikant verschieden (vgl. Tabelle 4).

Nachstationärer Symptomverlauf vor Kursrekrutierung: Für die Teilgruppe ex-stationärer Patienten der Studienphase 1, die zum Meßzeitpunkt T2 (7 Monate nach Entlassung) zur Kursteilnahme rekrutiert wurden, kann der nachstationäre Symptomverlauf der drei Gruppen bis zur Kursrekrutierung unter Heranziehung der PSE-Informationen aus Meßzeitpunkt T1 und T2 verglichen werden. Die Ergebnisse sind in Tabelle 5 aufgelistet.

Tabelle 5:
Nachstationärer Symptomverlauf vor Kursrekrutierung von Kursverweigerern, Kursakzeptanten und Patienten in ambulanter Einzelpsychotherapie

Variable	Verweigerer (VWG)	Kursbeginner (KB)	Einzeltherapie (PTH)	*F* bzw. χ^2 (*df*)	Einzelkontraste
nachstationärer Verlauf vor Kursbeginn T1-T2 [1)2)3)]					
- symptomfrei	61.2%	41.5%	40.9%	21.10 (6)**	KB,VWG
- Rückfall	16.3%	36.6%	4.5%		KB,PTH
- Remission	16.3%	7.3%	18.2%		PTH,VWG
- Nichtremission	6.1%	14.6%	36.4%		
Subgruppe remittierter Patienten T1 [1)4)]					
- Rückfall T1-T2	21.1%	46.9%	10.0%	7.69 (2)*	KB>VWG KB>PTH
Subgruppe nichtremittierter Patienten T1 [1)5)]					
- MDE T2	27.3%	66.7%	66.7%	4.50 (2)(+)	(KB>VWG) PTH>VWG

(+) p <.12; * p <.05; ** p <.01

[1)] Nur Patienten mit Kursrekrutierung 7 Monate nach stationärer Entlassung. [2)] VWG: n = 49; KB: n = 41; PTH: n = 41. [3)] T1 = 4 Wochen nach Entlassung, T2 = 7 Monate nach Entlassung. [4)] VWG: n = 38; KB: n = 32; PTH: n = 10. [5)] VWG: n = 11; KB: n = 9; PTH: n = 12.

Für die Bestimmung nachstationärer Verlaufstypen wurden folgende Definitionen zugrundegelegt: Als symptomfrei werden Patienten bezeichnet, die weder zu T1 noch zu T2 noch im dazwischen-liegenden Intervall die Kriterien einer MDE nach DSM-III-R erfüllten. Rückfälle bezeichnen Patienten, die zu T1 keine MDE aufwiesen, im darauffolgenden Sechs-Monats-Intervall bis einschließlich T2 jedoch über einen mindestens zweiwöchigen Zeitraum die Diagnosekriterien erfüllten. Remissionen bezeichnen Patienten, die zu T1 eine MDE aufwiesen, zu T2 jedoch nicht mehr, und nachstationäre Nichtremissionen sind schließlich solche Patienten, die zu beiden Meßzeitpunkten die MDE-Kriterien erfüllten. Zur Berechnung der Rückfall- und Nichtremissionsraten sind in Tabelle 5 die jeweiligen Risikoausgangsgruppen zugrundegelegt, d.h. die Rückfallrate bezieht sich auf die Ausgangsgruppe der zu T1 *remittierten* Patienten, die Nichtremissionsrate auf die zu T1 *depressiven* Patienten.

Wie aus Tabelle 5 hervorgeht, sind signifikante Unterschiede zwischen den Vergleichsgruppen im nachstationären Verlauf bis zum Zeitpunkt der Kursrekrutierung eruierbar. So ist die Rückfallrate der Kursakzeptanten sowohl gegenüber der Rückfallrate von Verweigerern als auch gegenüber der von Patienten in Einzelpsychotherapie signifikant erhöht (jeweils $p <.05$). Weiterhin ist die Nichtremissionsrate zu T2 von Patienten, die zu T1 die Diagnosekriterien einer MDE erfüllt hatten, in der Gruppe der Kursakzeptanten im Vergleich zu den Verweigerern um mehr als das Dreifache erhöht, wegen der geringen Fallzahl erreicht diese Differenz jedoch keine statistische Signifikanz. Hingegen ist der Anteil der zu T2 Nichtremittierten in der Gruppe der Akzeptanten und der Patienten in Einzeltherapie identisch (jeweils 66.7%). Wegen der etwas höheren Fallzahl der Risikoausgangsgruppe für Nichtremissionen in der Gruppe der Psychotherapiepatienten wird die Differenz zu den Kursverweigerern hier statistisch signifikant.

Coping und psychosoziale Bedürfnisse: Die über den FBSit (Veiel et al., 1991b) erhobenen Coping-Dimensionen „negative Situationseinschätzung", „Suche nach Sozialer Unterstützung" und „Ablenkung" differenzieren nicht zwischen den Vergleichsgruppen (Tabelle 6). Dagegen haben Kursakzeptanten gegenüber Kursverweigerern im Durchschnitt tendenziell höhere Scores in der FBSit-Skala „Passivität/Vermeidung". Die PRF-Sekundärskalen (Stumpf et al., 1985) „Dominanz", „Leistungsstreben", „ängstliche Gehemmtheit" und „Bedürfnis nach aktiver sozialer Interaktion" weisen in den drei Gruppen ähnliche Mittelwerte auf, während für die Skala „Abhängigkeit von sozialer Interaktion" bei der Gruppe der Kursakzeptanten sowohl im Vergleich zu Kursverweigerern als auch zu Patienten in Einzeltherapie statistisch tendenziell erhöhte Durchschnittswerte resultieren.

Merkmale des sozialen Netzwerks: Wie bereits eingangs angeführt, unterscheiden sich die Vergleichsgruppen nicht im Anteil Verheirateter und in Partnerschaft Lebender. Die folgenden Analysen anhand der MISU (Veiel, 1990) untersuchen strukturelle und funktionale Parameter des sozialen Unter-

Tabelle 6:
Coping und psychosoziale Bedürfnisse von Kursverweigerern, Kursakzeptanten und Patienten in ambulanter Einzelpsychotherapie

Variable	Verweigerer (VWG) *M (SD)*	Kursbeginner (KB) *M (SD)*	Einzeltherapie (PTH) *M (SD)*	*F* bzw. χ^2 *(df)*	Einzelkontraste
Coping-Merkmale (FBSit)[1)]					
Negatives Appraisal	3.0 (0.5)	3.1 (0.4)	3.1 (0.4)	1.54 (2,177)	-
Suche nach sozialer Unterstützung	2.9 (0.6)	3.0 (0.5)	2.8 (0.5)	1.46 (2,153)	-
Passivität/ Vermeidung	1.9 (0.4)	2.1 (0.5)	2.0 (0.4)	2.58 (2,179)+	KB>VWG
Ablenkung	2.6 (0.5)	2.6 (0.6)	2.4 (0.5)	1.34 (2,180)	-
Psychosoziale Bedürfnisse (PRF)[2)]					
Dominanzstreben	5.4 (2.7)	4.8 (2.3)	5.1 (2.2)	1.42 (2,179)	-
Leistungsstreben	8.6 (2.5)	8.6 (2.6)	8.8 (3.0)	0.17 (2,178)	-
Ängstliche Gehemmtheit	10.6 (2.7)	10.2 (2.8)	9.6 (2.6)	1.72 (2,179)	-
Bedürfnis nach aktiver sozialer Interaktion	10.0 (3.2)	9.7 (2.8)	9.7 (2.5)	0.23 (2,178)	-
Abhängigkeit von sozialer Interaktion	8.1 (3.1)	9.1 (3.1)	8.0 (3.2)	2.38 (2,179)+	(KB>VWG) (KB>PTH)

+ $p < .10$

[1)] VWG: *n* = 65, KB: *n* = 83, PTH: *n* = 37, teilweise geringfügig reduziertes *n* aufgrund von missing values [2)] VWG: *n* = 66, KB: *n* = 80, PTH: *n* = 36, teilweise geringfügig reduziertes *n* aufgrund von missing values.

stützungsnetzwerks der Patienten, wie sie sich zum Zeitpunkt der Kursrekrutierung darstellen. Die in Tabelle 7 aufgeführten Support-Scores beziehen sich dabei auf Netzwerkmerkmale unter Ausschluß von (Ehe)-Partnern. Mit Ausnahme des Merkmals „Zufriedenheit mit sozialer Unterstützung“ wurden die Scores getrennt für Verwandte und Bekannte berechnet.

Tabelle 7:
Merkmale des Unterstützungsnetzwerks von Kursverweigerern, Kursakzeptanten und Patienten in ambulanter Einzelpsychotherapie

Variable	**Verweigerer (VWG)** *n* = 69 *M (SD)*	**Kursbeginner (KB)** *n* = 87 *M (SD)*	**Einzeltherapie (PTH)** *n* = 41 *M (SD)*	*F* **bzw.** χ^2 ***(df)***	**Einzelkontraste**
Unterstützungsnetzwerk Verwandte					
Größe	3.4 (2.0)	3.9 (2.3)	3.7 (2.1)	1.03 (2,194)	-
Kontaktfrequenz pro Woche	8.1 (7.4)	9.5 (8.1)	8.8 (8.4)	0.58 (2,194)	-
Psychologische Unterstützung					
- Alltag	2.4 (1.7)	2.7 (2.2)	2.6 (2.1)	0.42 (2,148)	-
- Krisen	1.7 (1.7)	1.7 (2.0)	2.2 (2.0)	1.05 (2.194)	-
Instrumentelle Unterstützung					
- Alltag	1.9 (1.7)	1.9 (1.7)	2.0 (1.8)	0.12 (2,194)	-
- Krisen	2.3 (1.6)	2.9 (2.0)	2.6 (1.9)	2.64 (2,194)+	KB>VWG
Unterstützungsnetzwerk Bekannte					
Größe	5.0 (3.3)	6.1 (3.6)	6.8 (4.8)	2.66 (2,109)+	(KB>VWG) PTH>VWG
Kontaktfrequenz pro Woche	11.7 (9.5)	11.6 (12.0)	12.1 (10.3)	0.03 (2,194)	-
Psychologische Unterstützung					
- Alltag	4.3 (3.1)	4.5 (2.8)	5.2 (4.0)	1.09 (2,112)	-
- Krisen	1.8 (2.0)	2.8 (2.4)	3.3(3.6)	4.47 (2,90) *	KB>VWG PTH>VWG
Instrumentelle Unterstützung					
- Alltag	2.5 (2.5)	2.7 (2.5)	3.4 (3.4)	1.30 (2,194)	-
- Krisen	2.2 (2.3)	2.9 (2.5)	2.7 (2.6)	1.47 (2,194)	-
Zufriedenheit mit SU (Range 0 – 1)	0.77 (0.25)	0.66 (0.27)	0.78 (0.23)	5.07 (2,194)**	KB<VWG KB<PTH

+ p <.10; * p <.05; ** p <.01

Wie aus Tabelle 7 hervorgeht, benennen die drei Gruppen ähnlich große Unterstützungsnetzwerke von Verwandten und entsprechende Kontaktfrequenzen. Kursakzeptanten und Patienten in Einzeltherapie geben jedoch im Vergleich zu Kursverweigerern ein tendenziell größeres Unterstützungsnetzwerk von Freunden und Bekannten an. Bezüglich der Zufriedenheit mit erhaltener Unterstützung zeigt sich die Gruppe der Akzeptanten gegenüber Verweigerern und Patienten in Einzeltherapie signifikant unzufriedener (eine höhere

Ausprägung in dieser Variable zeigt höhere Zufriedenheit an). Analysen zu einzelnen funktionalen Parametern des Unterstützungsnetzwerks zeigen, daß alle Gruppen eine vergleichbare Anzahl von Personen aus dem Verwandtennetzwerk nennen, die psychologische Alltags- und Krisenunterstützung leisten. Kursakzeptanten nennen jedoch gegenüber Kursverweigerern eine tendenziell höhere Zahl von Verwandten, die instrumentelle Krisenunterstützung leisten. Bezüglich des Bekanntennetzwerks finden sich mit Ausnahme der Variable „psychologische Krisenunterstützung" keine signifikanten Unterschiede zwischen den drei Vergleichsgruppen. Sowohl Akzeptanten als auch Patienten in Einzelpsychotherapie benennen eine größere Anzahl von Freunden und Bekannten, die psychologische Unterstützung in Krisen leisten, als Patienten, die das Kursangebot verweigerten.

Kritische Lebensereignisse und chronische Belastungen: Die nachfolgenden Analysen beziehen sich auf die ehemals stationär rekrutierten Patienten der Studienphase 1, da nur für diese Teilgruppe Informationen zu kritischen Lebensereignissen und chronischen Belastungen im Sechs-Monats-Intervall vor T2 aus der LEDS (Brown & Harris, 1978) vorliegen (vgl. Kapitel 3.4.6).

Direkt krankheitsabhängige Lebensereignisse (wie stationärer psychiatrischer Aufenthalt), ebenso wie Ereignisse und Belastungen mit niedriger Bedrohung, gingen nicht in die Analysen ein. Wegen der schiefen Verteilung der untersuchten Variablen wurde jeweils ein Cut-Off (0 = nein, 1 = mindestens 1 Ereignis bzw. längerdauernde Belastung) gebildet.

Wie aus Tabelle 8 hervorgeht, ist der Anteil von Patienten, die im Sechs-Monats-Zeitraum vor Kurs-Rekrutierung mindestens ein schweres unabhängiges Lebensereignis (LEDS-Bedrohungsrating 1-2, Unabhängigkeitsrating 1-4) zu bewältigen hatte, in den Gruppen vergleichbar, ebenso der Anteil an Patienten, die ein potentiell unabhängiges, schweres Lebensereignis aufweist (LEDS-Bedrohungsrating 1-2, Unabhängigkeitsrating 5-11). Vergleichbar hoch in allen Gruppen ist auch der Prozentsatz an Patienten, die in diesem Zeitraum mindestens einer längerdauernden, sicher unabhängigen Belastung (Bedrohungsrating 1-3, Unabhängigkeitsrating 1-4) ausgesetzt waren. Dagegen weist gegenüber Kursverweigerern und Einzelpsychotherapiepatienten ein tendenziell niedrigerer Anteil von Akzeptanten mindestens eine potentiell unabhängige Belastung (Bedrohungsrating 1-3, Unabhängigkeitsrating 5-11) im Sechs-Monats-Zeitraum vor Kursrekrutierung auf.

Tabelle 8:
Kritische Lebensereignisse und chronische Belastungen von Kursverweigerern, Kursakzeptanten und Patienten in ambulanter Einzelpsychotherapie

Variable	Verweigerer (VWG) $n = 46$[1]	Kursbeginner (KB) $n = 41$[1]	Einzeltherapie (PTH) $n = 21$[1]	F bzw. χ^2 (df)	Einzelkontraste
Kritische Lebensereignisse (LEDS)					
- ≥ 1 LE hohe Bedrohung, unabhängig (%)	23.9%	14.6%	14.3%	1.55 (2)	-
- ≥ 1 LE hohe Bedrohung, möglicherweise unabhängig (%)	13.0%	12.2%	14.3%	1.14 (2)	-
Chronische Belastungen (LEDS)					
- ≥ 1 Chr.B. hohe Bedrohung, unabhängig (%)	34.8%	29.3%	52.4%	3.28 (2)	-
- ≥ 1 Chr.B. möglicherweise unabhängig (%)	28.3%	12.2%	33.3%	4.67 (2)+	(KB<VWG) (KB<PTH)

+ $p < .10$

[1] Die LEDS wurde zum Zeitpunkt der Kursrekrutierung nur mit exstationären Patienten der Studienphase 1 durchgeführt; teilweise geringfügig reduziertes *n* aufgrund von missing values.

4.2.3 Merkmale von Kursbeendern und Kursabbrechern

Während die Analysen des vorangegangenen Kapitels die Frage zu patientenspezifischen Merkmalen für die Entscheidung untersuchten, am Kursprogramm teilzunehmen, wurden in einem weiteren Schritt Kursbeender ($n = 71$) und Kursabbrecher ($n = 16$) hinsichtlich relevanter soziodemographischer und krankheitsbezogener Merkmale verglichen. Die wichtigsten Ergebnisse sind in den nachfolgenden Tabellen aufgeführt. Wie aus Tabelle 9 hervorgeht, sind die späteren Abbrecher im Durchschnitt acht Jahre jünger ($p < .01$), auch das Alter bei Krankheitsbeginn liegt deutlich unter dem der Kursbeender ($p < .01$). Geschlechterverteilung, Familienstand, Partnerschaftsstatus, Schulbildungs-

Tabelle 9:
Soziodemographische Merkmale von Kursbeendern und Kursabbrechern

Variable	Kurs-beender $n = 71$	Kurs-abbrecher $n = 16$	t bzw. χ^2 (*df*)	*p*
Alter (*M,SD*)	45.1 (10.0)	37.1 (9.6)	3.00 (1,85)	<.01
Geschlecht (% w)	67.6%	68.7%	0.01 (1)	-
Schulbildungsniveau (% > HS)	40.6%	43.7%	0.05 (2)	-
erwerbstätig/ in Ausbildung	53.5%	43.7%	0.50 (1)	-
verheiratet	58.5%	57.1%	0.01 (1)	-
Partnerbeziehung	69.0%	68.7%	0.00 (1)	-
Kind(er) unter 15 Jahren	15.5%	25.0%	0.83 (2)	-

niveau, Erwerbstätigkeit und das Vorhandensein mindestens eines Kinds unter 15 Jahren differieren dagegen nicht zwischen den Gruppen (Tabelle 9).

Signifikante Unterschiede finden sich bezüglich der ursprünglichen ICD-9-Diagnose (Tabelle 10): Während in der Gruppe der Kursbeender mehr als 40% endogen Depressive vertreten sind, sind es in der Gruppe der Abbrecher nur 20%. Hier ist dagegen der Anteil von Patienten mit der Diagnose einer sekundären Depression deutlich höher (33.3% versus 2.9%). Damit zusammenhängend ist auch der erhöhte Anteil an Patienten mit initialer Komorbiditätsdiagnose in dieser Gruppe zu sehen (46.7% versus 20.3%).

Ergebnisse zur klinischen Symptomatik zum Zeitpunkt der Kursrekrutierung sind ebenfalls in Tabelle 10 aufgelistet. In keinem der aufgeführten Merkmale finden sich betragsmäßig bedeutsame und statistisch signifikante Differenzen zwischen Kursbeendern und Kursabbrechern: sowohl quantitative selbst- und fremdgeratete Depressionsschwere (IDD, PSE) wie auch PSE-Angstscore und CATEGO-Gesamtscore sind vergleichbar. Fast identisch sind auch die Fallanteile einer MDE zum Zeitpunkt der Kursrekrutierung. Darüberhinaus wird ein ähnlicher Prozentsatz aus beiden Gruppen zu diesem Zeitpunkt mit antidepressiver Medikation behandelt. Vergleichbar sind auch die Anteile

Tabelle 10:
ICD-Diagnosen, Krankheitsvorgeschichte, sowie Symptomatik und Behandlungsstatus zum Zeitpunkt der Kursrekrutierung bei Kursbeendern und Kursabbrechern

Variable	**Kurs-beender** *n* = 71	**Kurs-abbrecher** *n* = 16	*t* **bzw.** χ^2 **(*df*)**	*p*
ICD 9-Diagnose				
- endogene Depression	43.5%	20.0%	15.54 (3)	<.01
- neurotische Depression	30.4%	26.7%		
- depressive Reaktion	23.2%	20.0%		
- sekundäre Depression	2.9%	33.3%		
Komorbiditätsdiagnose Achse I, II	20.3%	46.7%	4.57 (1)	<.05
Ersterkrankung	33.9%	46.7%	0.86 (1)	-
Alter bei depressiver Ersterkrankung (*M,SD*)	35.8 (13.3)	25.4 (8.7)	3.83 (1,32)	<.001
Krankheitsdauer in Jahren (*M,SD*)	9.4 (9.6)	11.6 (10.5)	-0.84 (1,85)	-
Depressionsscore IDD (*M,SD*)	21.2 (14.3)	20.2 (15.6)	0.26 (1,85)	-
Depressions-score PSE (*M,SD*)	9.0 (6.0)	8.9 (6.7)	0.05 (1,85)	-
Angstscore PSE (*M,SD*)	9.1 (6.4)	9.8 (6.1)	-0.41 (1,85)	-
CATEGO-Gesamtscore (*M,SD*)	15.4 (10.1)	16.3 (11.6)	-0 .31 (1,85)	-
MDE nach DSM-III-R	38.0%	37.5%	0.00 (1)	-
antidepressive Medikation	59.2%	43.7%	1.26 (1)	-
nachstationärer Verlauf vor Kurs-beginn (T1-T2)[1)2)]				
- symptomfrei	46.7%	27.3%	3.23 (3)	-
- Rückfall	36.7%	36.4%		
- Remission	3.3%	18.2%		
- Nichtremission	13.3%	18.2%		

[1)] Nur exstationäre Patienten mit Kursrekrutierung 7 Monate nach Entlassung (Beender: *n* = 30, Abbrecher: *n* = 11). [2)] T1: 4 Wochen nach Entlassung; T2: 7 Monate nach Entlassung.

nachstationärer Verlaufstypen, die für die Subgruppe ehemals stationär rekrutierter Patienten der Studienphase 1 untersucht werden konnten (Tabelle 10).

Tabelle 11 gibt einen Überblick über kursbezogene klinische Variablen. Kursbeender und -abbrecher unterscheiden sich danach weder im mittleren quantitativen Depressionsscore (IDD) der ersten Gruppensitzung noch im Ausmaß dysfunktionaler Attitüden zu Kursbeginn (DAS, Hautzinger et al., 1985). Auch Zahl, Angenehmheit und Verstärkerpotential hedonischer Aktivität zu Kursbeginn, gemittelt über alle Items des TAF (Zimmer, 1990), sind für beide Gruppen vergleichbar.

Tabelle 11:
Skalenwerte verschiedener depressionsrelevanter Parameter von Kursbeendern und Kursabbrechern zu Kursbeginn

Variable	Kurs-beender $n = 71$	Kurs-abbrecher $n = 16$	t bzw. χ^2 (df)	p
Depressionsscore IDD (*M,SD*)	21.6 (14.9)	20.8 (15.1)	0.20 (1,85)	-
Ausmaß dysfunktionaler Attituden DAS (*M,SD*) [1)]	136.9 (36.0)	141.3 (29.7)	-0.44 (1,84)	-
hedonische Aktivität TAF				
- Frequenz (*M,SD*) [1)2)]	1.0 (0.3)	1.0 (0.3)	-0.05 (1,76)	-
- Angenehmheit (*M,SD*) [1)2)]	1.0 (0.3)	1.0 (0.3)	-0.05 (1,76)	-
- Verstärkerpotential (*M,SD*) [1)2)]	1.6 (0.6)	1.5 (0.8)	0.29 (1,75)	-

[1)] Geringfügig reduziertes n aufgrund von missing values. [2)] Gemittelt über alle Items.

Neben den hier untersuchten soziodemographischen und klinischen Merkmalen wurden Kursbeender und Kursabbrecher auch hinsichtlich der Variablenbereiche „Coping“, „psychosoziale Bedürfnisse“, „soziale Unterstützung“ und „kritische Lebensereignisse und längerdauernde Belastungen“ verglichen. In keinem der aufgeführten Bereiche fanden sich signifikante Merkmalsunterschiede zwischen den Gruppen.

4.3 Kurzzeitanalysen zur Effektivität der Gruppenintervention

4.3.1 Gesamtgruppe der Kursteilnehmer: Verlauf symptombezogener Variablen von Kursbeginn nach Kursende

In diesem Kapitel werden, bezogen auf die Gesamtgruppe der Patienten, die das Kursprogramm regulär beendeten, Analysen zu prä/post Veränderungen depressiver Symptomatik und begleitender Konstrukte vorgestellt. Wie in Kapitel 3.4 aufgeführt, wurden bei den Kursteilnehmern therapiebegleitende Informationen aus folgenden Bereichen erhoben: subjektive Depressivität (IDD, quantitativ: Summenscore, qualitativ: Fragebogendiagnose einer Major Depressive Episode), dysfunktionale Attituden (DAS-Score) und hedonische Aktivität (TAF-Scores, mittlere Frequenz, mittlere Angenehmheit, mittlerer Verstärkungswert). Die Veränderung dieser Parameter von Pretest (Kursvorbesprechung bzw. erste Kurssitzung) zu Posttest (letzte Kurssitzung) werden im folgenden beschrieben.

In Tabelle 12 (jeweils erste Zeile) sind die Ergebnisse der Pre-Post-Mittelwertsvergleiche dieser Variablen für die Gesamtgruppe (n = 71) aufgeführt. Als Analyseverfahren wurden t-Tests für abhängige Stichproben mit zweiseitiger Signifikanzprüfung durchgeführt. Wie aus Tabelle 12 hervorgeht, fand in der Gesamtgruppe von Kursbeginn nach Kursende eine hochsignifikante Reduktion der Depressionswerte statt (IDD-Summenscore, p <.001) Ebenso war das Ausmaß dysfunktionaler Attituden von Pretest nach Posttest hochsignifikant reduziert (DAS-Score, p <.001). Von den drei TAF-Subskalen war von Kursbeginn nach Kursende lediglich die mittlere Anzahl hedonischer Aktivitäten statistisch signifikant erhöht (p <.05), während im Verstärkerpotential (Angenehmheit) keine bedeutsame Veränderung resultierte. Der TAF-Verstärkungswert als Produkt aus mittlerer Frequenz und Angenehmheit war zum Posttest nur mit statistischer Tendenz erhöht (p <.09).

Bei der Interpretation dieser Differenzwerte ist zu berücksichtigen, daß die hier untersuchten Kursteilnehmer bezüglich der Pretest-Depressivität eine heterogene Klientel darstellen. So sind für initial relativ symptomfreie Patienten, die über den Kursverlauf stabil asymptomatisch blieben, aufgrund von floor-Effekten a priori keine ausgeprägten Differenzen im Sinne einer deutlichen Reduktion der depressiven Symptomatik zu erwarten. Weiterhin ist anzunehmen, daß diese floor-Effekte weniger ausgeprägt sind bei den weiteren, gegenüber dem IDD-Score depressionsferneren, Merkmalen (dysfunktionale Attituden, hedonische Aktivität). Im folgenden wurden deshalb die Subgruppen *depressiver* und

Tabelle 12:
Veränderung von Depressivität, Ausmaß dysfunktionaler Attituden und Ausmaß angenehmer Tätigkeiten von Kursbeginn nach Kursende: Gesamtgruppe und Subgruppen nach depressivem Ausgangsstatus

Variable	*n*	Kursbeginn *M (SD)*	Kursende *M (SD)*	t_{diff} (*df*)	*p*
IDD: Depressionsscore Selbstrating					
- Gesamtgruppe	71	21.63 (14.9)	14.87 (10.7)	5.07 (70)	<.001
- nichtdepressive Kursbeginner	47	13.06 (8.5)	10.72 (8.4)	1.88 (46)	<.07
- depressive Kursbeginner	24	38.42 (9.3)	23.00 (10.3)	6.88 (23)	<.001
DAS: Ausmaß dysfunktionaler Attituden					
- Gesamtgruppe	70	135.33 (35.1)	122.43 (28.0)	4.21 (69)	<.001
- nichtdepressive Kursbeginner	47	132.36 (37.1)	116.53 (25.5)	3.95 (46)	<.001
- depressive Kursbeginner	23	141.39 (30.4)	134.48 (29.4)	1.59 (22)	<.13
TAF: mittlere Häufigkeit					
- Gesamtgruppe	62	0.98 (0.25)	1.04 (0.28)	-2.05 (61)	<.05
- nichtdepressive Kursbeginner	41	1.04 (0.26)	1.08 (0.31)	-1.32 (40)	<.20
- depressive Kursbeginner	21	0.88 (0.19)	0.95 (0.21)	-1.65 (20)	<.12
TAF: mittlere Hedonie					
- Gesamtgruppe	62	1.31 (0.37)	1.31 (0.36)	0.03 (61)	-
- nichtdepressive Kursbeginner	41	1.40 (0.34)	1.38 (0.35)	0.57 (40)	-
- depressive Kursbeginner	21	1.14 (0.37)	1.19 (0.34)	-0.79 (20)	-
TAF: mittlerer Produktwert					
- Gesamtgruppe	62	1.58 (0.61)	1.67 (0.62)	-1.74 (61)	<.10
- nichtdepressive Kursbeginner	41	1.74 (0.62)	1.79 (0.64)	-0.89 (40)	-
- depressive Kursbeginner	21	1.28 (0.48)	1.43 (0.52)	-1.81 (20)	<.09

nichtdepressiver Kursbeginner getrennt hinsichtlich der Veränderung der betreffenden Parameter betrachtet. Trifft man eine Unterteilung anhand der binären IDD-Fragebogendiagnose zu Kursbeginn (erste Sitzung), so erfüllten

33.8% der Gesamtstichprobe (24/71) die Syndromkriterien einer Major Depressive Episode. Tabelle 12 (jeweils zweite und dritte Zeile) zeigt die Ergebnisse der Pre-Post-Vergleiche, getrennt für die so definierten Subgruppen unterschiedlicher Pretest-Depressivität.

Betrachtet man zunächst die *nichtdepressiven* Kursbeginner ($n = 47$; Tabelle 12, jeweils zweite Zeile), so fand in dieser Gruppe - trotz des relativ niedrigen Depressionsniveaus zu Kursbeginn - eine weitere, statistisch tendenzielle Reduktion der durchschnittlichen Depressionswerte von Kursbeginn nach Kursende statt ($p <.07$). Das Ausmaß dysfunktionaler Attituden war in dieser Gruppe von Kursbeginn nach Kursende hochsignifikant reduziert ($p <.001$), während sich Häufigkeit, Angenehmheit und Verstärkungswert hedonischer Aktivität nicht signifikant von der Eingangsmessung unterschied.

In der Gruppe der *depressiven* Kursbeginner ($n = 24$; Tabelle 12, jeweils dritte Zeile) fand eine hochsignifikante Reduktion der Depressionswerte von Kursbeginn nach Kursende statt ($p <.001$). Dagegen war das Ausmaß dysfunktionaler Attituden ($p <.13$), Frequenz hedonischer Aktivität ($p <.12$) sowie Verstärkungspotential ($p <.40$) von Pre- nach Posttest nicht signifikant reduziert, und bezüglich des TAF-Verstärkungswerts war der durchschnittliche Score zu Kursende gegenüber der Eingangsmessung lediglich mit statistischer Tendenz erhöht ($p <.09$). Bei der Betrachtung der hier resultierenden Signifikanzniveaus sind allerdings die unterschiedlichen Stichprobengrößen beider Subgruppen zu berücksichtigen, so umfaßt die Gruppe initial depressiver Patienten nur ca. ein Drittel der Gesamtstichprobe.

Für die Variablen „subjektive Depressivität", „Ausmaß dysfunktionaler Attituden" sowie „Frequenz hedonischer Aktivität" wurden weiterhin Effektstärken (vgl. Cohen, 1977) der ermittelten Pre-Post-Differenzen berechnet, dies ebenfalls sowohl für die Gesamtgruppe als auch für die beiden Subgruppen depressiver bzw. nichtdepressiver Kursbeginner.

Die Ergebnisse dieser Analysen sind in Abbildung 4 aufgeführt. Die Effektstärken (Cohen, 1977) wurden unter der Berücksichtigung gepoolter Varianzen aus Pre- und Posttest berechnet und lassen sich als Standardabweichungseinheiten vom Eingangswert der jeweiligen Referenzstichprobe (z-Score = 0) ablesen. Es gilt dabei zu beachten, daß in Abbildung 4 die jeweiligen Nullpunkte (standardisierte z-Scores Pretest) für die beiden Subgruppen unterschiedliche Eingangsmittelwerte repräsentieren. Zur Interpretation der Effektstärken wird auf die Konvention von Cohen (1977) verwiesen, wonach ein Effekt von $d = .20$ als schwach, von $d = .50$ als mittel und von $d = .80$ und mehr

Abbildung 4:
Differenzierung therapierelevanter Veränderungswerte nach Eingangsdepressivität
(Referenzgrößen: z-Scores Pretest)

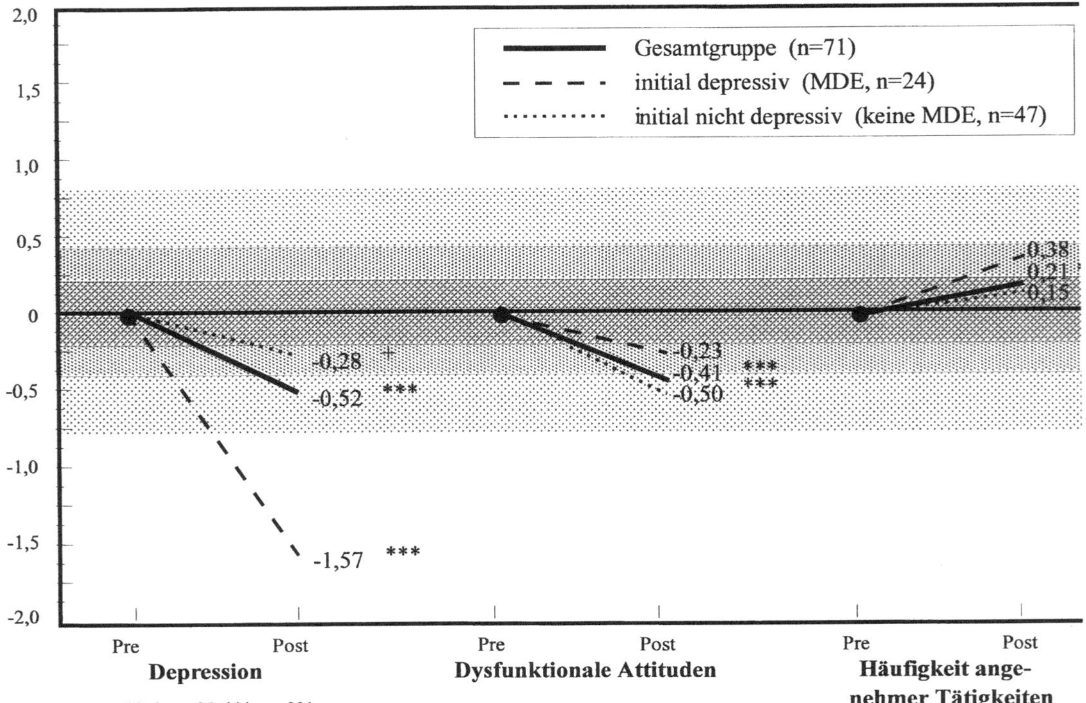

+ p <.10, * p <.05, *** p <.001

als hoch bezeichnet werden kann. In Abbildung 4 sind die jeweiligen Effektstärken mit positivem bzw. negativem Vorzeichen aufgeführt, um auch die Richtung der Veränderung aufzuzeigen.

Betrachtet man zunächst die Effektstärken für die Depressivität (IDD), die für die Gesamtgruppe sowie die beiden Subgruppen unterschiedlicher Eingangsdepressivität berechnet wurden, so resultiert für die Gesamtgruppe (n = 71) eine Effektstärke von d = -.52, d.h. unter Einschluß aller Patienten erfolgte eine Reduktion der durchschnittlichen Depressivität von Pretest nach Posttest um ca. ½ Standardabweichung vom durchschnittlichen Pretest-Score (mittlere Effektstärke). Bei einer Unterteilung der Gesamtgruppe in depressive (n = 24) und nichtdepressive (n = 47) Kursstarter zeigt sich für erstere Gruppe eine deutliche Reduktion der durchschnittlichen Depressivität von Pretest nach Posttest, die im Bereich von 1.5 Standardabweichungseinheiten vom Durchschnittswert des Pretests dieser Subgruppe liegt. Für die nichtdepressiven Kursbeginner resultiert eine schwache Effektstärke von d = -.28, d.h. auch in dieser, im Eingangslevel depressiver Symptomatik bereits niedrig liegender, Gruppe erfolgt eine weitere Reduktion der subjektiven Depressivität von Pretest nach Posttest.

Die untersuchten Effektstärken der übrigen Variablen liegen im unteren bis mittleren Bereich. Bezüglich des Reduktion dysfunktionaler Attituden (DAS-Score) berechnet sich für die Gesamtgruppe eine Effektstärke von d = -.41, hier resultiert für die Gruppe der nichtdepressiven Kursbeginner ein höherer absoluter Effekt (d = -.50) als für die Gruppe mit depressivem Status zu Kursbeginn (d = -.23). Ein insgesamt schwacher Effekt zeigt sich für die Frequenz hedonischer Aktivität, die höchste Differenz zum Pretest wird in der Subgruppe depressiver Kursbeginner beobachtet (d = .38).

Zusammenfassend findet in allen den hier untersuchten therapierelevanten Merkmalen eine Veränderung von Pre- nach Posttest in die erwartete Richtung statt (Reduktion von Depressivität und Ausmaß dysfunktionaler Attituden, Steigerung hedonischer Aktivität), jedoch in unterschiedlichem Ausmaß. Bezogen auf die Zielvariable Depression resultiert die insgesamt stärkste Veränderung, welche insbesondere auf die hochsignifikante Reduktion der Depressionswerte in der Gruppe *depressiver* Kursbeginner zurückzuführen ist. Gegen einen reinen Regressionseffekt zur Mitte spricht hier zum einen der Absolutbetrag der Veränderung in dieser Gruppe, der mehr als 1.5 Standardabweichungen vom Eingangswert beträgt, zum anderen die ebenfalls beobachtete, zumindest statistisch tendenzielle Reduktion der (per definitionem) subklinisch ausgeprägten Depressivität in der Gruppe nichtdepressiver Kursbeginner. Bezüglich des Merkmals „dysfunktionale Attituden" findet sich in der Gesamtgruppe eine statistisch hochsignifikante Reduktion von Pre- nach Posttest. Diese Reduktion ist jedoch hauptsächlich auf die Gruppe *nichtdepressiver* Kursbeginner beschränkt, die über den Kursverlauf eine deutliche Verringerung dysfunktionaler Einstellungen aufweist, während für die initial depressiven Kursteilnehmer ein statistisch nicht signifikanter und betragsmäßig schwächerer Effekt zu verzeichnen ist. Bezüglich der Subskalen hedonischer Aktivität des TAF wird für die Gesamtgruppe zwar eine signifikante Steigerung der Frequenz und eine statistisch tendenzielle Erhöhung des Verstärkerpotentials von Pre- nach Posttest beobachtet, bei getrennter Betrachtung der beiden Subgruppen mit unterschiedlicher Pretest-Depressivität zeigt sich jedoch, daß diese Effekte in beiden Gruppen nur gering ausgeprägt sind.

4.3.2 Patienten der Studienphase 2: Kurzzeit-Verläufe von Kursteilnehmern und Nichtteilnehmern

Das vorliegende Kapitel untersucht die Frage der Kurzzeit-Effektivität der Gruppenintervention anhand eines Vergleichs der Depressionsverläufe und weiterer depressionsrelevanter Parameter (pre-post) von Kursteilnehmern und einer Vergleichsstichprobe aus der Verlaufsstudie. Solche *vergleichende* Aussagen zum Kurzzeitverlauf unter CDW-Intervention lassen sich, wie in Kapitel 3.2 aufgeführt, nur für die Kursteilnehmer der Studienphase 2 treffen, die das Programm zwischen T1 und T2 absolvierten, und für die der Meßzeitpunkt T2 das Kurzzeit-Follow-Up nach Kursende darstellt (vgl. Kapitel 3.2, Abbildung 1). Die nachfolgenden Ergebnisse beziehen sich damit auf $n = 32$ Kursteilnehmer, die in Studienphase 2 am Kursprogramm teilnahmen und dieses regulär beendeten.

4.3.2.1 Ergebnisse der Matching-Prozedur

Aufgrund des nichtrandomisierten Studiendesigns und der deutlichen Selektivität bei der Inanspruchnahme des Kursangebots wurde für den Vergleich der Kurzzeitverläufe von T1 (vor Kursbeginn) nach T2 (Kurzzeit-Follow-Up nach Kursende) eine *Parallelisierung* von Kursteilnehmern und Nichtteilnehmern anhand verlaufsrelevanter Pretest-Variablen vorgenommen. Zu diesem Zweck wurde für jeden der 32 Kursteilnehmer aus Studienphase 2 im Rahmen eines matched-pair-Designs ein Paarling aus der Verlaufsstudie (Studienphase 1 oder 2) ausgewählt, der zum Meßzeitpunkt T1 *simultan* hinsichtlich Alter,

Geschlecht, Diagnose einer Major Depressive Episode (erweiterte PSE-Diagnostik; binär: ja/nein) und subjektiver Depressivität (IDD-Score) vergleichbar war. Der Gesamtpool, aus dem die Kontrollpaarlinge gezogen wurden, enthielt alle Patienten, für die Interviewinformationen für die Meßzeitpunkte T1 und T2 vorlagen, und die sich *nicht* in ambulanter Einzelpsychotherapie befanden. Damit umfaßte der Gesamtpool Kursverweigerer, Kursteilnehmer nach T2 (Studienphase 1), Patienten, die aus praktischen Gründen nicht am Kurs teilnehmen konnten, sowie kursgeeignete Patienten der Studienphase 1, denen im Rahmen der Vorbereitungsphase des BMFT-Projekts kein Kursangebot gemacht worden war.

Die Ergebnisse der Parallelisierung sind in Tabelle 13 aufgelistet. Wie daraus hervorgeht, erfüllte etwas mehr als ein Drittel der Kursteilnehmer aus Studienphase 2 (und damit auch der parallelisierten Kontrollen) anhand der erweiterten PSE-Diagnostik zum Pretest (T1) die Kriterien einer Major Depressive Episode (DSM-III-R). Das Durchschnittsalter der Kursteilnehmer lag bei knapp 45 Jahren, das Verhältnis Frauen:Männer betrug 1.7:1.

<u>Tabelle 13:</u>
Ergebnis der Parallelisierung von Kursteilnehmern der Studienphase 2 und Kontrollpersonen nach Alter, Geschlecht und Symptomstatus vor Kursbeginn (T1)

Variable	**Kurs-teilnehmer (*n* = 32) *M*/% (*SD*)**	**Kontroll-gruppe (*n* = 32) *M*/% (*SD*)**	***t* bzw. χ^2 (*df*)**	***p***
Alter (*M,SD*)	44.8 (10.9)	44.8 (10.4)	0.00 (62)	-
Geschlecht (% w)	62.5%	62.5%	0.00 (1)	-
Depressionswert IDD) zu T1 (*M,SD*)	22.7 (13.9)	21.3 (14.5)	0.41 (62)	-
MDE-Anteil (DSM III-R) zu T1	34.4%	34.4%	0.00 (1)	-

Während nach den in Tabelle 13 aufgeführten Merkmalen die Parallelisierung vorgenommen worden war, wurden in einem weiteren Schritt die so zusammengestellten Vergleichsgruppen hinsichtlich sonstiger potentiell verlaufsrelevanter soziodemographischer, klinischer und persönlichkeitsbezogener Pretest-Merkmale verglichen. Diese Ergebnisse sind in den Tabellen 14 und 15 aufgeführt.

Tabelle 14:
Vergleich von Kursteilnehmern (Studienphase 2) und Kontrollgruppe hinsichtlich soziodemographischer und klinischer Eingangsvariablen (Pretest T1)

Variable	**Kurs-teilnehmer (*n* = 32) *M*/% (*SD*)**	**Kontroll-gruppe (*n* = 32) *M*/% (*SD*)**	***t* bzw. χ^2 (*df*)**	***p***
Schulbildungsniveau > Hauptschulabschluß	34.4%	40.6%	0.27 (1)	-
Familienstand (% vh)	50.0%	68.7%	2.33 (1)	-
erwerbstätig/ in Ausbildung	56.2%	56.2%	0.00 (1)	-
Alter bei depressiver Ersterkrankung	37.4 (12.8)	33.9 (13.3)	1.07 (62)	-
ICD-9-Diagnose endogene Depression	37.5%	40.6%	0.07 (1)	-
Komorbiditäts-diagnose Achse I, II	18.7%	15.6%	0.11 (1)	-
Depressionsscore PSE	8.9 (4.7)	9.6 (6.2)	-0.54 (1,59.7)	-
Angstscore PSE	8.9 (5.8)	9.2 (7.1)	-0.17 (1,62)	-
CATEGO-Gesamtscore	15.2 (8.7)	15.8 (11.6)	-0.23 (1,57.3)	-
antidepressive Medikation	68.7%	68.7%	0.00 (1)	-

Wie aus Tabelle 14 hervorgeht, unterschieden sich Kursteilnehmer und Vergleichsgruppe weder hinsichtlich des Anteils höherer Schulabschlüsse noch im Anteil Verheirateter und Erwerbstätiger. Bezüglich der untersuchten klinischen Variablen wiesen beide Gruppen ein vergleichbares Ersterkrankungsalter und einen ähnlich hohen Anteil an Patienten mit der ursprünglichen Behandlungsdiagnose einer unipolaren endogenen Depression nach ICD-9 auf. Auch der Prozentsatz an Patienten mit psychiatrischer Komorbiditätsdiagnose war mit jeweils unter 20% in beiden Gruppen vergleichbar. Kurs- und Vergleichsgruppe wurden auch hinsichtlich der PSE-Symptomskalenwerte quantitativer Depressionsscore, Angstscore und CATEGO-Gesamtscore zum Pretest (T1) verglichen. Wie aus Tabelle 14 ersichtlich, fanden sich in keiner der untersuchten Skalen betragsmäßig bedeutsame und/oder statistisch signifikante Gruppendifferenzen. Desweiteren stand ein identischer Prozentsatz von Patienten in beiden Gruppen zum Zeitpunkt des Pretests unter medikamentöser antidepressiver Behandlung.

Neben den hier aufgeführten soziodemographischen und klinischen Pretest-Merkmalen wurde zusätzlich untersucht, inwieweit zwischen beiden Gruppen Pretest-Unterschiede in Persönlichkeitsvariablen identifizierbar waren. Zu diesem Zweck wurden Kurs- und Kontrollgruppe hinsichtlich der 14 Primärskalen der PRF verglichen. Tabelle 15 gibt einen Überblick über die Mittelwerte und Standardabweichungen der PRF-Skalenwerte zum Meßzeitpunkt T1.

<u>Tabelle 15:</u>
Vergleich von Kursteilnehmern und Kontrollgruppe hinsichtlich der 14 Primärskalen der Personality Research Form (PRF) zu T1 (Pretest)

PRF-Subscore (Rohwerte)	**Kursteilnehmer ($n = 32$)** *M (SD)*	**Kontrollgruppe ($n = 32$)** *M (SD)*	t **($df = 58$)**	p
Leistungsstreben	9.5 (3.2)	10.3 (2.6)	-1.01	-
Geselligkeit	8.8 (3.6)	8.6 (3.5)	0.19	-
Aggressivität	4.7 (2.9)	4.1 (3.1)	0.77	-
Dominanzstreben	4.1 (3.4)	3.4 (2.6)	0.84	-
Ausdauer	8.9 (3.5)	8.5 (3.5)	0.49	-
Beachtungsbedürfnis	4.3 (3.3)	4.0 (3.6)	0.39	-
Risikomeidung	11.1 (4.0)	11.9 (3.9)	-0.80	-
Impulsivität	6.2 (2.9)	6.0 (2.9)	0.23	-
Hilfsbereitschaft	10.2 (2.9)	11.3 (2.9)	-1.40	-
Ordnungsstreben	10.5 (4.4)	12.1 (3.3)	-1.54	-
Spielerische Grundhaltung	5.4 (3.6)	4.9 (2.8)	0.59	-
Anerkennungsbedürfnis	8.9 (3.3)	8.8 (3.2)	0.10	-
Anlehnungsbedürfnis	8.4 (2.9)	7.6 (3.5)	0.89	-
Allgemeine Interessiertheit	7.4 (2.8)	7.0 (2.9)	0.78	-

Wie daraus hervorgeht, wiesen beide Gruppen sehr ähnliche Skalenprofile auf. Keine der untersuchten Subskalen differenzierte statistisch signifikant zwischen den Gruppen.

4.3.2.2 Prä-Post-Vergleiche quantitativer Symptomskalen

In einem ersten Schritt wurden die 32 Kursteilnehmer und ihre parallelisierten Kontrollen hinsichtlich der quantitativen Symptomverläufe der jeweiligen Gesamtgruppen (d.h. ohne Berücksichtigung des depressiven Status zum Pretest) von Pretest (T1) nach Posttest (T2) anhand einfaktorieller Varianzanalysen mit Meßwiederholung (BMDP Programm 2V) analysiert. Als abhängige Variablen dienten der subjektive Depressionsscore (IDD), der fremdgeratete Depressionsscore (PSE), der fremdgeratete Angstscore (PSE) sowie der CATEGO-Gesamtscore (PSE).

Die Ergebnisse dieser Analysen sind in Tabelle 16 aufgeführt. Die Effekte für die Variable „IDD-Score“ wurden dabei unter Zugrundelegung abhängiger Meßwertpaare berechnet, da diese Variable ein Parallelisierungsmerkmal darstellte, während die Effekte für die weiteren Symptomvariablen auf Varianzanalysen mit unabhängigen Stichproben beruhen. Letzteres Vorgehen liefert eine etwas konservativere Schätzung von Interaktionseffekten (hier: Meßwiederholung x Gruppenzugehörigkeit). Bei der Interpretation der vorliegenden Befunde ist weiterhin zu beachten, daß in beiden Gruppen eine breite Streuung der Depressionswerte zum Pretest vorlag, und damit für die Differenzwerte T1-T2 zu einem gewissen Ausmaß floor-Effekte zu berücksichtigen sind (relativ symptomfreie Patienten zu T1, die auch zu T2 symptomfrei waren).

Wie aus Tabelle 16 hervorgeht, ließen sich für die Gesamtgruppe der Kursteilnehmer in allen untersuchten Skalen betragsmäßig deutlichere Symptomreduktionen eruieren als für die Kontrollgruppe. Bezüglich der subjektiven Depressivität (IDD-Score) und des fremdgerateten Anstscores (PSE) zeigte sich für den Interaktionseffekt Zeit x Gruppe jedoch lediglich eine statistische Tendenz ($p <.10$), während die Differenzwerte T1-T2 des fremdgerateten Depressionsscores (PSE) und des CATEGO-Gesamtscores (PSE) die beiden Gruppen mit statistischer Signifikanz ($p <.05$) trennten.

Während die hier berichteten Ergebnisse sich auf die Analyse von 2-Zeitpunkt-Messungen quantitativer Symptomskalen beschränken, wird im folgenden der klinische Depressionsverlauf und Outcome beider Gruppen über das Halb-

Tabelle 16:
Symptomverläufe (T1 – T2) von Kursteilnehmern (Studienphase 2) und parallelisierter Vergleichsgruppe: Varianzanalysen mit Meßwiederholung

Symptomscore	Kursteilnehmer Studienphase 2[1)2)]				Kontrollgruppe[2) 3)]				Effekte					
	T1		T2		T1		T2		Gruppe		Zeit		Gruppe x Zeit	
	M	*(SD)*	*M*	*(SD)*	*M*	*(SD)*	*M*	*(SD)*	*F*	*p*	*F*	*p*	*F*	*p*
Depressionsscore IDD	22.7	(13.9)	16.3	(9.0)	21.3	(14.5)	19.6	(14.5)	0.55	-	6.23	.02	3.43	.08
Depressionsscore PSE	3.9	(4.7)	5.8	(4.1)	9.6	(6.2)	9.5	(7.2)	3.03	.09	5.63	.03	4.58	.04
Angstscore PSE	8.9	(5.8)	7.4	(5.3)	9.2	(7.1)	10.0	(8.1)	0.89	-	0.22	-	2.99	.09
CATEGO-Gesamtscore PSE	15.2	(8.7)	10.4	(7.5)	15.8	(11.6)	15.9	(13.5)	1.58	-	4.39	.05	5.01	.03

[1)] Kursteilnahme zwischen T1 und T2, T2 = Kurzzeit-Follow-Up nach Kursende (6 Monate nach T1). [2)] $n = 32$. [3)] parallelisiert zum Pretest (T1) nach Alter, Geschlecht und Depressivität.

Jahres-Intervall unter Intervention anhand der *kategorialen* Querschnitts- und Verlaufsdiagnostik nach DSM-III-R (PSE) untersucht.

4.3.2.3 Klinischer Depressionsverlauf (T1 – T2) von Kursteilnehmern und Nichtteilnehmern

In Tabelle 17 sind zunächst die Anteile stationärer Aufnahmen (psychiatrische oder psychotherapeutische Kliniken) bei Kurs- und Kontrollgruppe im Halb-Jahres-Intervall nach T1 aufgeführt. Bei 5 Patienten der Kontrollgruppe (15.6%) fand eine solche Aufnahme statt, während von den Kursteilnehmern kein Patient stationär aufgenommen worden war (auch bei keinem der hier nicht berücksichtigten 4 Kursabbrecher aus Studienphase 2 erfolgte eine stationäre Wiederaufnahme im Intervall). Nicht signifikant unterschied sich die Anzahl ambulanter nervenärztlicher Kontakte beider Gruppen im Halb-Jahres-Intervall ($p < .11$). Zum Meßzeitpunkt T2 war der Anteil aktuell medikamentös antidepressiv behandelter Patienten in beiden Gruppen gegenüber der Eingangsmessung reduziert, bezüglich des aktuellen Medikamentenstatus fanden sich keine signifikanten Unterschiede zwischen den Gruppen.

<u>**Tabelle 17:**</u>
Behandlungsdaten und Depressionsoutcome von Kursteilnehmern der Studienphase 2 und Kontrollgruppe

Variable	**Kurs-teilnehmer (*n* = 32) *M*/% (*SD*)**	**Kontroll-gruppe (*n* = 32) *M*/% (*SD***	***t* bzw. χ^2 (*df*)**	***p***
Stationäre Aufnahmen im T1-T2-Intervall	0%	9.4%	3.14 (1)	-[1]
Anzahl ambulanter nervenärztlicher Kontakte	7.34 (7.0)	11.16 (11.3)	-1.63 (51,61)	<.11
antidepressive Medikation T2	50.0%	46.9%	0.06 (1)	-
DSM-III-R MDE (PSE) T2	15.6%	37.5%	3.92 (1)	<.05
DSM-III-R MDE (IDD) T2	18.8%	40.6%	3.67 (1)	<.06

[1] Fisher´s Exact Test.

In Tabelle 17 sind weiterhin die *Querschnittsdiagnosen* depressiver Fallanteile zum Kurzzeit-Follow-Up (T2) aufgeführt. Da sich die Depressionsraten auf die jeweilige Gesamtgruppe von Kursteilnehmern und Kontrollen beziehen, sind hier sowohl Nichtremissionen von T1 nach T2 als auch Rückfälle initial nichtdepressiver Patienten enthalten. Die zur kategorialen Diagnostik vorrangig herangezogene PSE-DSM-III-R Diagnose einer MDE (Fremdbeurteilung) ist hier ergänzt um die Fragebogendiagnose einer MDE nach DSM-III-R, wie sie aus der binären Falldefinition des IDD-Querschnittsbefunds zu T2 resultierte.

Wie aus Tabelle 17 hervorgeht, lag der Prozentsatz an Patienten, die zum Kurzzeit-Follow-Up die PSE-Diagnose einer MDE nach DSM-III-R erfüllten, in der Gruppe der Kursteilnehmer um mehr als die Hälfte niedriger als in der Kontrollgruppe (15.6% vs. 37.5%). Berücksichtigt man den identischen Anteil depressiver Fälle von 34.4% (PSE-Diagnostik) bei der Eingangsmessung (T1, s.o.), so läßt sich für erstere Gruppe eine deutliche Reduktion der Fallrate von T1 nach T2 feststellen, während sich diese in der Kontrollgruppe zu T2 im Vergleich zur Eingangsmessung noch geringfügig erhöhte. Die Gruppenunterschiede im kategorialen Depressionsstatus zum Querschnitt T2 sind auch in der Selbstbeurteilung nachweisbar: gegenüber den Kursteilnehmern erfüllten mehr als doppelt so viele Patienten der Kontrollgruppe zum Kurzzeit-Follow-Up die IDD-Fragebogenkriterien einer Major Depressive Episode nach DSM-III-R (zu T1 hatten 34.4% der Kursteilnehmer und 31.3% der Kontrollgruppe die Fragebogenkriterien erfüllt).

Während die hier aufgeführten Ergebnisse die Querschnittsmessungen zum Kurzzeit-Follow-Up berücksichtigten, wird im folgenden der *Depressionsverlauf* der beiden Vergleichsgruppen von Pretest nach Posttest analysiert. Zu diesem Zweck wurden anhand der kategorialen Querschnitts- und Verlaufsdiagnostik nach DSM-III-R (erweitertes PSE-Interview) folgende Verlaufstypen definiert:

1. *Symptomfreier Verlauf T1-T2:* Patienten, die weder zum Meßzeitpunkt T1 noch zu T2 noch im dazwischenliegenden Intervall Schwere- und Dauerkriterien einer Major Depressive Episode nach DSM-III-R erfüllten.
2. *Rückfälle im Intervall:* Patienten, die zum Meßzeitpunkt T1 Schwere- und Dauerkriterien einer MDE nicht erfüllten, jedoch nach T1 (bis einschließlich Querschnitt T2) einen oder mehrere mindestens zweiwöchige Zeiträume aufwiesen, in denen die Syndromkriterien einer MDE erfüllt waren (PSE-MDE-Diagnose im Intervall und/oder zum Querschnitt T2). Mit dieser Definition werden also kumulierte Halb-Jahres-Rückfallraten erfaßt, pro Patient wird maximal ein Rückfall gezählt (vgl. Lavori et al., 1984).

3. *Remissionen im Intervall:* Patienten, die im PSE-Querschnittsbefund zu T1 Schwere- und Dauerkriterien einer MDE erfüllten, zu T2 jedoch nicht mehr.
4. *Nichtremissionen im Intervall:* Patienten, die sowohl im PSE-Querschnittsbefund zu T1 als auch im PSE-Querschnittsbefund zu T2 Schwere- und Dauerkriterien einer MDE erfüllten.

Abbildung 5 gibt einen Überblick über die jeweiligen Anteile der so definierten Verlaufstypen bei Kursteilnehmern und parallelisierter Kontrollgruppe. Es sei hier nochmals angemerkt, daß die Größen der Risikoeingangsgruppen für Rückfälle (Verlaufstyp 1 + 2) und Nichtremissionen (Verlaufstyp 3 + 4) in beiden Gruppen identisch waren (jeweils *n* = 21 nichtdepressive Patienten T1, *n* = 11 depressive Patienten T1).

Abbildung 5:
6-Monats-Kurzzeitverläufe (T1 – T2) von Kursteilnehmern und parallelisierter Kontrollgruppe

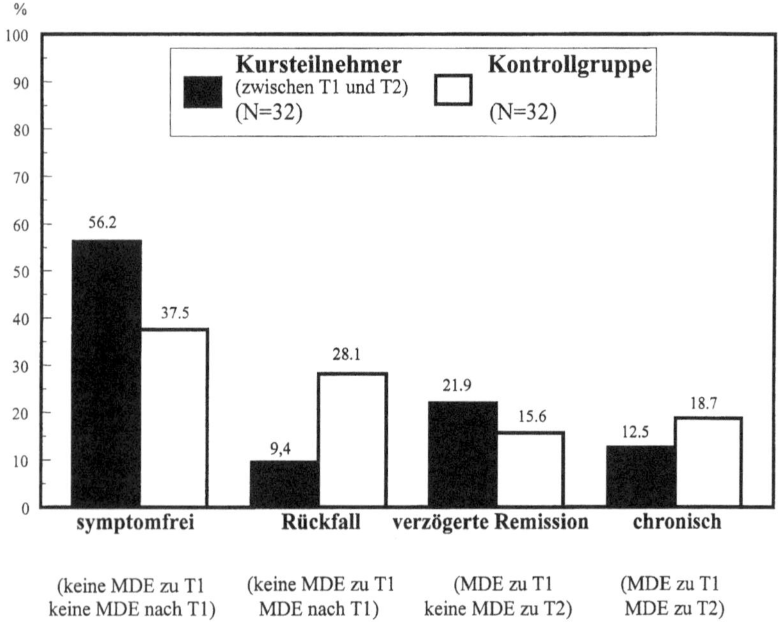

Verteilung von Verlaufstypen (MDE-Diagnostik nach DSM III-R)

Während in Abbildung 5 die Anteile der verschiedenen Verlaufstypen an der jeweiligen Gesamtstichprobe (n = 32 Kursteilnehmer und Kontrollen) erfasst sind, werden für die folgenden inferenzstatistischen Vergleiche die jeweiligen Subgruppen unterschiedlicher Eingangssymptomatik (T1 depressiv vs. nichtdepressiv) getrennt betrachtet (vgl. Zis & Goodwin, 1979).

Die Ergebnisse zu den Remissions- und Rückfallraten beider Gruppen sind in Tabelle 18 aufgelistet. Betrachtet man zunächst die *depressive* Ausgangsgruppe zu T1 (Risikogruppe für Nichtremissionen), so waren von den 11 depressiven Kursteilnehmern (T1) 63.6% zum Querschnitt T2 soweit remittiert, daß Schwere- und Dauerkriterien einer MDE nach DSM-III-R (PSE) nicht mehr erfüllt waren. Bei den 11 depressiven Patienten der Kontrollgruppe (T1) lag die Remissionsrate zu T2 bei 45.5%. Der Unterschied in den Remissionsraten beider Gruppen ist statistisch nicht signifikant (p <.40). Dieses Ergebnis muß allerdings an den insgesamt kleinen Stichprobengrößen der zum Pretest depressiven Kursteilnehmer und Kontrollen relativiert werden.

Tabelle 18:
Rückfall- und Remissionsraten von Kursteilnehmern und parallelisierter Kontrollgruppe im sechsmonatigen Behandlungsintervall (T1-T2)

Variable	Kursteilnehmer	Kontrollgruppe	χ^2 (*df*)	*p*
Subgruppe remittierter Patienten T1 [1]				
- % Rückfälle T1 - T2	14.3%	42.9%	4.20 (1)	.05
- % Rückfälle, zu T2 anhaltend	4.8%	28.6%	4.29 (1)	.06[3]
Subgruppe nichtremittierter Patienten T1 [2]				
- % Remissionen zu T2	63.6%	45.5%	0.73 (1)	-

[1] $n_{KURS} = 21$, $n_{KG} = 21$. [2] $n_{KURS} = 11$, $n_{KG} = 11$. [3] Fisher´s Exact Test.

Von den 21 zu T1 *nichtdepressiven* Kursteilnehmern hatten im Halb-Jahres-Intervall nach T1 bis einschließlich T2 nach o.g. Definition insgesamt 14.3% der Patienten einen Rückfall in die depressive Episode erlebt. In der parallelisierten Kontrollgruppe war die Rückfallrate mit 42.9% dreimal so hoch. Bei zweiseitiger Testung ist dieser Unterschied auf dem 5%-Niveau signifikant. Berücksichtigt man als engeres Rückfallkriterium nur solche Rückfälle, die im PSE-Querschnittsbefund zu T2 („present state“) noch anhaltend waren (d.h. unter Ausschluß reiner Intervallepisoden, die zum Meßzeitpunkt T2 bereits wieder abgeklungen waren), so betrug der Anteil von Rückfällen in der Gruppe der Kursteilnehmer 4.8%, in der Kontrollgruppe 28.6%. Es zeigte sich hier bei zweiseitiger Testung noch immer eine statistische Tendenz zu höheren Rückfallraten in der Kontrollgruppe (χ^2=4.29 (1), Fisher's Exact Test p <.10).

Im folgenden wurde ergänzend der Einfluß antidepressiver Medikation auf die Vorhersage der Rückfallwahrscheinlichkeit untersucht. Zu diesem Zweck wurden mit der Risikoausgangsgruppe für Rückfälle (Nichtdepressive T1, n = 42) zwei getrennte schrittweise logistische Regressionen (BMDP, Programm LR) durchgeführt, abhängige Variable war jeweils die Variable „Rückfall“ (0 = nein, 1 = ja). In Analyse 1 wurde im ersten Schritt die Variable „antidepressive Medikation T1“ (0 = nein, 1 = ja) aufgenommen, die Variable „Kursteilnahme“ (0 = nein, 1 = ja) in Schritt 2. Während der Effekt der Medikationsvariable auf die Rückfallwahrscheinlichkeit vernachlässigbar war (χ^2 bei Schritt 1: 0.22 (1), *ns.*), war der inkrementelle Effekt der Variable „Kursteilnahme“ statistisch signifikant (χ^2 bei Schritt 2: 4.55 (1), p <.05, odds ratio (kein Rückfall/Rückfall): 4.77). In Analyse 2 ging die Variable „antidepressive Medikation zu T1 *und* T2“ (0 = nein, 1 = ja) im ersten Schritt in die Regressionsgleichung ein, die Variable „Kursteilnahme“ wiederum in Schritt 2. Auch hier war der Effekt der Medikation auf die Rückfallwahrscheinlichkeit betragsmäßig gering und statistisch nicht signifikant (χ^2 bei Schritt 1: 0.63 (1), *ns.*), während der inkrementelle Effekt der Variable „Kursteilnahme“ auf die Rückfallwahrscheinlichkeit wiederum auf dem 5%-Niveau statistisch signifikant war (χ^2 bei Schritt 2: 4.82 (1), p <.05, odds ratio (kein Rückfall/Rückfall): 5.04).

4.4 Prädiktoren des Kurserfolgs

4.4.1 Methodische Vorüberlegungen

Die nachfolgenden Ergebnisse zu Prädiktionsanalysen des Kurserfolgs beziehen sich auf die 71 Kursbeender aus Studienphase 1 und 2, für die Eingangs- (erste Kurssitzung) und Endwerte (letzte Sitzung) aus dem IDD vorliegen. Die Auswahl des Prädiktionskriteriums „Kurserfolg“ und die generelle Strategie zur Untersuchung von Einflußgrößen aus den Bereichen Soziodemographie, Persönlichkeit (Coping und psychosoziale Bedürfnisse), kritische Lebensereignisse und chronische Belastungen sowie soziale Unterstützung werden im folgenden zunächst kurz diskutiert.

Zur Operationalisierung des Kriteriums „Kurserfolg“ können prinzipiell folgende Indizes herangezogen werden:

a) die dichotome Fallvariable zu Kursende (IDD-Syndromkriterien einer Typisch Depressiven Episode erfüllt versus nicht erfüllt)
b) die Differenzscores der quantitativen IDD-Depressionswerte von Kursbeginn nach Kursende, und
c) der quantitative IDD-Depressionsscore zu Kursende.

Für die beiden erstgenannten Alternativen sind folgende Einschränkungen anzumerken. Nach der IDD-Diagnostik betrug der Anteil an Patienten, der in der letzten Kurssitzung die Fragebogenkriterien einer Typisch Depressiven Episode erfüllte, 14.1% (10 von 71 Patienten, davon $n = 9$ von 24 (37.5%) der nach IDD-Diagnose depressiven Kursbeginner und $n = 1$ von 47 (2.1%) der nichtdepressiven Kursbeginner). Aufgrund der geringen Fallzahl depressiver Patienten zu Kursende erscheint die Verwendung dieses dichotomen Outcome-Kriteriums nicht geeignet, insbesondere auch wegen des mit der Dichotomisierung einhergehenden Informationsverlusts. Die Verwendung der Differenzwerte der Depressivität von Kursbeginn nach Kursende als abhängige Variable erscheint im Kontext des vorliegenden Designs problematisch, da zu Kursbeginn eine breite Streuung der Depressivität vorlag. Im Gegensatz zu traditionellen Therapiestudien, in denen in der Regel ein Depressions-Screening die Homogenisierung der Eingangsdepressivität auf hohem Niveau gewährleistet, und damit die Reduktion der Depressivität als plausible Zielvariable zu verwenden ist, ist im Rahmen der vorliegenden Studie dieses Erfolgskriterium zwar für depressive Kursbeginner heranziehbar, dagegen stellt für Patienten, die das Kursprogramm relativ symptomfrei starteten, nicht die Reduktion, sondern die Stabilisierung der Symptomatik auf niedrigem Niveau das Erfolgskriterium dar.

Aufgrund dieser Überlegungen wurde folgende prinzipielle Analysestrategie angewandt: Zur Kontrolle von ceiling- und floor-Effekten, die bei der Verwendung der Differenzwerte zum Tragen kommen, wurden anhand hierarchischer linearer Regressionen getrennt für jeden untersuchten Prädiktor residuelle Differenzanalysen (vgl. Neimeyer & Weiss, 1990) berechnet. Dabei stellt der quantitative IDD-Score zu Kursende das Kriterium dar, der IDD-Score zu Kursbeginn wird als erster Prädiktor in die Regressionsgleichung gezwungen. Im zweiten Schritt wird der bereinigte Haupt- („Netto“-) Effekt der jeweils untersuchten unabhängigen Variable identifiziert. Zusätzlich sind im vorliegenden Studiendesign auch mögliche Interaktionseffekte zwischen Eingangsdepressivität und unabhängiger Variable zu untersuchen, um zu überprüfen, ob letztere auf unterschiedlichen Stufen der Depressivität zu Kursbeginn eine differentielle Vorhersage des Outcomes ermöglicht. Diese Fragestellung leitet sich aus Befunden von Studien zum natürlichen Verlauf depressiver Erkrankungen ab, in denen in der Regel *unterschiedliche* Einflußgrößen auf depressive Rückfälle und Chronifizierungen berichtet werden (vgl. Angst, 1988, Belsher & Costello, 1988, Alexopoulos et al., 1989, Keller et al., 1992). Im dritten Schritt geht deshalb die IDD-Diagnose zu Kursbeginn (0/1) in die Regressionsanalyse ein, und im vierten Schritt jeweils der Produktterm (Interaktionseffekt) aus unabhängiger Variable und Diagnosestatus zu Kursbeginn (vgl. hierzu Wampold & Freund, 1987).

Die hier gewählte Strategie ist auch unter methodischen Gesichtspunkten von Relevanz. So ist eine der Anwendungsvoraussetzungen für die Durchführung linearer Regressionen die der Varianzhomogenität der abhängigen Variable auf allen Stufen der unabhängigen Variable. Diese Voraussetzung ist nach Identifizierung eines signifikanten Interaktionseffekts von Kovariate (IDD-Score zu Kursbeginn) und in Frage stehender unabhängiger Variable zurückzuweisen (vgl. z.B. Finney et al., 1984). IDD-Diagnosenstatus und IDD-Score zu Kursbeginn sind nun trivialerweise eng assoziiert, die biseriale Korrelation zwischen beiden Variablen betrug $r = .81$. Potentielle signifikante Interaktionseffekte unabhängiger Variablen mit dem Diagnosestatus zu Kursbeginn auf den Symptomoutcome weisen damit auf eine Verletzung der Homogenitätsvoraussetzung hin. In diesem Fall wird deshalb im folgenden der Haupteffekt der jeweiligen unabhängigen Variable nicht interpretiert, sondern es erfolgt eine getrennte Betrachtung der Regressionskoeffizienten der beiden Subgruppen mit unterschiedlichem Diagnosenstatus zu Kursbeginn.

4.4.2 Ergebnisse

In den Tabellen 19 bis 25 sind die Ergebnisse der Prädiktorenanalysen aufgeführt. Für jede untersuchte Variable ist neben dem partiellen Haupteffekt (inkrementelles R^2 bei Schritt 2 der hierarchischen Analyse) und dem Interaktionseffekt mit dem Diagnosestatus zu Kursbeginn (inkrementelles R^2 bei Schritt 4) auch die Korrelation nullter Ordnung und die Partialkorrelation der unabhängigen Variable nach statistischer Kontrolle des IDD-Scores zu Kursbeginn enthalten. Auf die jeweilige Darstellung des Haupteffekts der Variable „Diagnosestatus zu Kursbeginn“ (Schritt 3) wurde der Übersichtlichkeit halber verzichtet, dieser erreichte aufgrund der substantiellen Interkorrelation der IDD-

Diagnose mit dem quantitativen IDD-Score zu Kursbeginn in keiner der durchgeführten Analysen statistische Signifikanz. Die Ergebnisse werden im folgenden zunächst getrennt für die verschiedenen Merkmalsbereiche zusammengefaßt.

4.4.2.1 Soziodemographische Merkmale

Wie aus Tabelle 19 hervorgeht, läßt sich nach Auspartialisierung der Eingangsdepressivität für keine der untersuchten soziodemographischen Variablen Alter, Geschlecht, Familienstand, Vorhandensein eines oder mehrerer Kinder unter 15 Jahren im Haushalt und Erwerbsstatus vor Kursbeginn ein signifikanter Haupteffekt für die Prädiktion des IDD-Scores zu Kursende identifizieren.

<u>Tabelle 19:</u>
Prädiktoren des Kurserfolgs[1)]: Soziodemographische Merkmale

Variable			Haupteffekt			Interaktionseffekt		
	r_{pear}	r_{part}	incr. R^2	t	p	incr. R^2	t	p
Alter	.11	.16	.01	1.34	-	.01	1.16	-
Geschlecht (0=m, 1=w)	.04	.08	.00	0.64	-	.02	0.77	-
Schulbildung (0=<=HS, 1=>HS)	-.12	-.07	.00	0.53	-	.03	1.91	<.07
Familienstand (0=nvh, 1=vh)	-.08	.06	.00	0.49	-	.00	0.41	-
Kind(er) unter 15 Jahren (0=nein, 1=ja)	-.21	-.06	.00	0.50	-	.01	1.32	-
erwerbstätig/ in Ausbildung (0=nein, 1=ja)	-.17	-.11	.01	0.95	-	.00	0.19	-

[1)] Methode: Hierarchische lineare Regression; AV: Depressionsscore IDD Kursende, Schritt 1: Depressionsscore IDD Kursbeginn (r_{pear} mit AV = .66), Schritt 2: Haupteffekt UV, Schritt 3: IDD-Diagnose einer MDE zu Kursbeginn, Schritt 4: Interaktionseffekt UV*IDD-Diagnose Kursbeginn.

Für das Merkmal „Schulbildung" resultiert mit statistischer Tendenz ein Interaktionseffekt mit dem Diagnosestatus zu Kursbeginn. Berechnet man getrennte hierarchische Regressionen für die beiden Subgruppen mit unterschiedlichem Diagnosestatus, so weisen die standardisierten Beta-Gewichte der beiden Gleichungen unterschiedliche Vorzeichen auf (initial Nichtdepressive: Partialeffekt Schulbildung (Schritt 2), beta = -.220, t = 1.65, p <.10); initial Depressive: beta = .216, t = 1.10, *ns*.). Für die Gruppe relativ symptomfreier Kursbeginner ist damit der Zusammenhang mit dem Symptomoutcome so zu interpretieren, daß ein niedriges Schulbildungsniveau (≤ Hauptschule) tendenziell mit höheren Depressionswerten zu Kursende assoziiert ist, während in der Gruppe der depressiven Kursbeginner ein umgekehrter, statistisch jedoch unbedeutender, Zusammenhang besteht. Für die weiteren soziodemographischen Variablen fanden sich keine Interaktionseffekte mit dem depressiven Status zu Kursbeginn auf die Depressionswerte zu Kursende.

4.4.2.2 Krankheitsvorgeschichte, Diagnose und Rekrutierungsmodus

Nach den in Tabelle 20 aufgeführten Ergebnissen tragen die hier untersuchten Merkmale der Krankheitsvorgeschichte (Ersterkrankungsalter, Krankheitsdauer seit erster depressiver Episode, Anzahl früherer Episoden und anamnestische Hospitalisierungsdauer) weder als Haupteffekte noch in Interaktion mit dem Depressionsstatius zu Kursbeginn zu einer Verbesserung der Vorhersage der Depressionswerte zu Kursende bei. Gleiches gilt für die Diagnosevariablen „endogene Depression" und „Vorliegen einer psychiatrischen Komorbiditätsdiagnose", jeweils erfaßt anhand der ärztlichen ICD-Diagnose zu Beginn der regulären psychiatrischen Vorbehandlung. Auch die Unterteilung in Patienten, die in Studienphase 1 und 2 initial stationär für die Verlaufsstudie rekrutiert worden waren und solche, die über die psychiatrische Ambulanz in einen Kurs vermittelt wurden, lieferte weder einen inkrementellen Haupt- noch Interaktionseffekt für die Vorhersage des Depressionsniveaus zu Kursende.

4.4.2.3 Symptom- und Behandlungsmerkmale vor Kursbeginn

In Tabelle 21 ist neben den Effekten weiterer Variablen auch der Haupteffekt des fremdgerateten quantitativen PSE-Depressionsscores zum Zeitpunkt der Kursrekrutierung aufgeführt (die Berechnung eines Interaktionseffekts mit dem Diagnosestatus zu Kursbeginn erscheint hier nicht sinnvoll). Der PSE-Depressionsscore korreliert zwar hochsignifikant mit dem subjektiven

Tabelle 20:
Prädiktoren des Kurserfolgs: Krankheitsvorgeschichte, Klinische Diagnose und Rekrutierungsmodus

Variable			Haupteffekt			Interaktionseffekt		
	r_{pear}	r_{part}	incr. R^2	t	p	incr. R^2	t	p
Alter bei Ersterkrankung	.00	.07	.00	0.61	-	.00	0.77	-
Krankheitsdauer	.12	.07	.00	0.55	-	.00	0.21	-
Anzahl früherer Episoden (0=≤2, 1=>2)	.15	.13	.01	0.99	-	.00	0.32	-
Hospitalisationsdauer gesamt	.24	.04	.00	0.33	-	.00	0.15	-
endogene Depression	-.13	.07	.00	0.59	-	.02	-1.47	-
Komorbiditätsdiagnose, Achse I, II	.17	.06	.00	0.51	-	.01	0.96	-
Rekrutierungsmodus (0=ex-stat., 1=amb.)	.17	-.02	.00	-0.14	-	.00	-0.03	-

Depressionsscore zu Kursende ($r = .51, p < .001$, Tabelle 21, Spalte 1), er verliert jedoch an Bedeutung für die Kursprognose, wenn der Effekt der subjektiven Depressivität zu Kursbeginn auspartialisiert ist (r_{part} = .13, *ns.*). Dieses Ergebnis ist auf die substantielle Korrelation zwischen PSE-Depressionsscore (Kursrekrutierung) und IDD-Score (erste Kurssitzung) zurückführbar ($r = .66$, $p < .001$). Die Heranziehung des fremdgerateten PSE-Depressionsscores liefert damit keine zusätzliche Erklärungsvarianz für die Depressionswerte zu Kursende, die über den Anteil erklärter Varianz durch die subjektive Depressivität bei Kursbeginn hinausgeht.

Auch für die weiteren untersuchten symptombezogenen Variablen vor Kursbeginn (PSE-Angstscore zum Zeitpunkt der Kursrekrutierung, DAS-Score, Subskalen des TAF) resultieren signifikante Haupteffekte nullter Ordnung für die Vorhersage des IDD-Depressionsscores zu Kursende. Die betragsmäßig deutlichen Reduktionen der Korrelationskoeffizienten nach statistischer

Tabelle 21:
Prädiktoren des Kurserfolgs: Klinische und Behandlungsmerkmale vor Kursbeginn

Variable			**Haupteffekt**			**Interaktionseffekt**		
	r_{pear}	r_{part}	**incr. R^2**	t	p	**incr. R^2**	t	p
Depressions-score PSE	.51	.13	.01	1.12	-			
Angstscore PSE	.59	.24	.03	2.00	<.05	.00	0.02	-
DAS-Summe Dysfunktionale Attituden	.31	.18	.02	1.45	-	.00	0.72	-
TAF: mittlere Häufigkeit	-.38	-.15	.01	-1.17	-	.02	-1.54	-
TAF: mittlere Angenehmheit	-.27	.08	.00	0.64	-	.01	-1.06	-
TAF: Produktwert	-.42	-.11	.01	-0.85	-	.02	-1.46	-
nervenärztliche Behandlung (0=nein, 1=ja)	.37	.17	.02	1.46	-	.00	0.78	-
antidepressive Medikation (0=nein, 1=ja)	.25	.18	.02	1.50	-	.00	-0.27	-

Kontrolle der Eingangsdepressivität weisen jedoch ebenfalls auf substantielle Varianzüberlappungen mit dieser Variable hin. Mit Ausnahme des quantitativen PSE-Angstscores sinkt der Vorhersagewert der übrigen Variablen in den nichtsignifikanten Bereich ab. Der signifikante Haupteffekt des PSE-Angstscores nach Auspartialisierung des IDD-Scores zu Kursbeginn besagt, daß höhere Angstwerte zum Zeitpunkt der Kursrekrutierung eine höhere Depressivität zu Kursende vorhersagen. Der nichtsignifikante Interaktionseffekt von Angstscore und Depressionsstatus zu Kursbeginn weist darauf hin, daß diese Assoziation gleichermaßen für depressive und nichtdepressive Kursbeginner zutrifft.

Die weiterhin untersuchten Merkmale „nervenärztliche Behandlung“ und „antidepressive Medikation“ zum Zeitpunkt der Kursrekrutierung sind zunächst ebenfalls positiv mit einem schlechteren Kursoutcome assoziiert. Auch hier läßt sich jedoch ein substantieller Anteil der Erklärungsvarianz über die konkurrente Depressivität zu Kursbeginn erklären: Trivialerweise sind depressivere Patienten zu diesem Zeitpunkt eher in fachspezifischer Behandlung bzw. unter antidepressiver Medikation als weniger depressive Patienten. Die beiden Behandlungsvariablen sind damit zwar indikativ für den Symptomstatus zu Kursbeginn, ermöglichen jedoch keine darüber hinausgehende Prognose der Depressivität bei Kursende.

4.4.2.4 Bewältigungsverhalten und psychosoziale Bedürfnisse

Tabelle 22 faßt die Ergebnisse der Regressionsanalysen für die untersuchten Persönlichkeitsvariablen zusammen. Von den analysierten Sekundärskalen des Coping-Fragebogens zur Bewältigung belastender Situationen (FBSit) erlauben die Skalen „Ablenkung", „Passivität" und „Suche nach sozialer Unterstützung" keine Prognose des Kurserfolgs. Dagegen geht die FBSit-Skala „negatives Appraisal" mit signifikantem positiven beta-Gewicht in die Regressionsgleichung ein (Haupteffekt, Schritt 2). Dies bedeutet, daß Patienten, die vor

Tabelle 22:
Prädiktoren des Kurserfolgs: Coping und psychosoziale Bedürfnisse

Variable			**Haupteffekt**			**Interaktionseffekt**		
	r_{pear}	r_{part}	**incr.** R^2	t	p	**incr.** R^2	t	p
Coping (FBSit)								
- negatives Appraisal	.41	.25	.04	2.10	<.04	.00	0.31	-
- Ablenkung	-.06	.01	.01	0.90	-	.00	-0.05	-
- Passivität	.19	-.03	.00	-0.27	-	.00	-0.76	-
- Suche nach soz. Unterst.	-.03	.14	.01	1.14	-	.00	0.63	-
Psychosoziale Bedürfnisse (PRF)								
- Dominanz-streben	-.25	-.09	.00	-0.67	-	.01	-1.18	-
- Leistungs-streben	-.24	-.11	.01	-0.89	-	.00	-0.68	-
- Soziabilität	-.22	-.16	.01	-1.24	-	.01	-0.34	-
- Abhängigkeit	.10	.14	.01	1.15	-	.00	-0.65	-
- ängstliche Gehemmtheit	.10	.08	.02	1.31	-	.00	0.32	-

Kursbeginn hypothetische Problemsituationen als wenig wandel- und kontrollierbar und als stärker belastend wahrnahmen, höhere Depressionswerte zu Kursende aufweisen. Diese Beziehung gilt auch nach statistischer Kontrolle der Depressivität zu Kursbeginn und trifft gleichermaßen auf beide Subgruppen mit unterschiedlichem Diagnosestatus zu Kursbeginn zu.

Keine signifikante Vorhersage des Kurserfolgs ermöglichten die untersuchten PRF-Sekundärskalen „Dominanzstreben“, „Leistungsstreben“, „Soziabilität“, „Abhängigkeit“ und „ängstliche Gehemmtheit“, weder als Haupteffekte noch in Interaktion mit dem Diagnosestatus zu Kursbeginn (vgl. Tabelle 22).

4.4.2.5 Kritische Lebensereignisse und chronische Belastungen im Sechs-Monats-Intervall vor Kursbeginn

Aussagen zur prognostischen Funktion dieses Merkmalsbereichs lassen sich nur für die Teilgruppe ursprünglich stationärer Patienten der Studienphase 1 treffen, da nur mit diesen Patienten zum Zeitpunkt der Kursrekrutierung (hier: T2) die Life Events and Difficulty Schedule (LEDS) durchgeführt wurde (vgl. Kapitel 3.4.6). Die vorliegenden Analysen schließen damit n = 30 Patienten ein, davon n = 5 Patienten, die bei der ersten Kurssitzung die IDD-Diagnose einer Typisch Depressiven Episode erfüllten. Diese Substichprobengröße ist jedoch zu gering, um für die Gesamtgruppe Interaktionseffekte mit dem Depressionsstatus zu Kursbeginn sinnvoll interpretieren zu können. In Tabelle 23 sind deshalb nur die jeweiligen Koeffizienten für die Gesamtgruppe und für die Subgruppe nichtdepressiver Kursbeginner (n = 25, Tabelle 23, letzte Spalte) aufgeführt.

Wie aus Tabelle 23 hervorgeht, ist der Partialkoeffizient der Variable „nicht krankheitsabhängige Lebensereignisse“ negativ mit dem Symptomwert zu Kursende assoziiert. Der Haupteffekt dieser Variablen ist jedoch, ebenso wie die Haupteffekte der beiden Variablen „Vorhandensein mindestens eines schweren unabhängigen Lebensereignisses“ und „Vorhandensein mindestens einer schweren unabhängigen chronischen Belastung“, statistisch nicht signifikant. Dagegen ermöglicht die Variable „Anzahl nicht direkt krankheitsbezogener Belastungen“ innerhalb der Gruppe initial nichtdepressiver Kursteilnehmer mit statistischer Tendenz (p <.08) eine Vorhersage des Symptomwerts zu Kursende. Die Variable geht mit negativem beta-Gewicht in die Regressionsgleichung ein, was besagt, daß hier eine geringere Anzahl von chronischen Belastungen im Sechs-Monats-Intervall vor Kursbeginn höhere Depressionswerte zu Kursende vorhersagen.

Tabelle 23:
Prädiktoren des Kurserfolgs: Lebensereignisse und chronische Belastungen im Sechs-Monats-Zeitraum vor Kursbeginn

Variable			**Haupteffekt Gesamtgruppe**			**Haupteffekt nichtdepressive Kursbeginner**		
	r_{pear}	r_{part}	**incr.** R^2	t	p	**incr.** R^2	t	p
LEDS								
Anzahl nicht direkt krankheits-abhängiger LE	-.20	-.21	.03	-1.11	-	.07	-1.55	-
≥ 1 schweres unabhängiges LE (0=nein, 1=ja)	-.13	-.08	.00	-0.40	-	.00	-0.43	-
Anzahl nicht direkt krankheits-abhängiger chronischer Belastungen	-.13	-.20	.02	-1.06	-	.10	-1.90	<.08
≥ 1schwere unabhängige chronische Belastung (0=nein, 1=ja)	.06	-.02	.00	-0.11	-	.03	-1.02	-

4.4.2.6 Merkmale des sozialen Unterstützungsnetzwerks

Tabelle 24 faßt die Ergebnisse zu den Variablen des sozialen Unterstützungs-netzwerks vor Kursbeginn zusammen. Netzwerkgrößen und Kontaktfrequenzen wurden getrennt für Verwandte und Bekannte berechnet.

Wie daraus hervorgeht, ist die Größe des Verwandtennetzwerks nach Auspartialisierung der Eingangsdepressivität positiv mit dem Symptomwert zu Kursende korreliert. Diese Variable geht mit statistischer Tendenz in die Regressionsgleichung ein (Schritt 2, p <.09), während der Interaktionseffekt mit dem Diagnosestatus zu Kursbeginn keine bedeutsame Varianz aufklärt. Die

Interaktionsfrequenz mit dem Verwandtennetzwerk leistet dagegen keine Vorhersage für den Symptomoutcome, weder im Sinne eines Haupteffekts noch in Interaktion mit dem Diagnosestatus. Für die Größe des Bekanntennetzwerks vor Kursbeginn resultiert ein signifikanter Interaktionseffekt mit dem Diagnosestatus zu Kursbeginn: Bei getrennter Betrachtung der beiden Subgruppen unterschiedlicher Eingangsdepressivität geht diese Variable in der

Tabelle 24:
Prädiktoren des Kurserfolgs: Soziales Unterstützungsnetzwerks vor Kursbeginn

MISU-Variable			Haupteffekt			Interaktionseffekt		
	r_{pear}	r_{part}	incr. R^2	t	p	incr. R^2	t	p
Verwandte (ohne Partner)								
Größe des Unterstützungsnetzwerks	.04	.21	.02	1.74	<.09	.00	-0.11	-
Interaktionsfrequenz	-.05	-.01	.00	-0.04	-	.01	0.16	-
Bekanntennetzwerk								
Größe des Unterstützungsnetzwerks	-.21	-.01	.00	-.012	-	.06	2.55	<.02
Interaktionsfrequenz	-.33	-.23	.03	-1.98	<.06	.00	0.40	-
Sonstige Merkmale								
Anzahl confidants	-.12	.03	.00	0.28	-	.01	0.53	-
Bereitschaft, SU anzunehmen	-.04	-.01	.00	0.07	-	.01	1.42	-
Zufriedenheit mit SU	-.19	.01	.00	0.08	-	.02	1.38	-

Subgruppe nichtdepressiver Kursbeginner mit negativem, statistisch jedoch nicht signifikantem, beta-Gewicht in die Regressionsgleichung ein (Schritt 2: beta = -.203, p <.13). Bei den depressiven Kursbeginnern erhält das beta-

Gewicht dieser Variable beim Eingang in die Regressionsgleichung hingegen ein positives Vorzeichen und trägt mit statistischer Tendenz zur Vorhersage der Depressionswerte bei Kursende bei (Schritt 2: beta = .341, $t = 1.80$, $p < .09$). In dieser Subgruppe ist also nach Konstanthaltung der Eingangsdepressivität eine höhere Zahl von Bekannten mit einem schlechteren Symptomausgang assoziiert. Im Gegensatz zur Variable „Größe des Bekanntennetzwerks“ resultiert für das Merkmal „Kontaktfrequenz mit dem Bekanntennetzwerk“ ein Haupteffekt (mit statistischer Tendenz, $p < .06$). Eine niedrige Kontaktfrequenz geht hier mit höheren Depressionswerten zu Kursende einher, dies trifft sowohl für depressive als auch für nichtdepressive Kursbeginner zu (fehlender Interaktionseffekt).

Weitere erhobene Merkmale sozialer Unterstützung vor Kursbeginn, wie die Bereitschaft, soziale Unterstützung in Anspruch zu nehmen, und die Zufriedenheit mit dem Ausmaß erhaltener Unterstützung, erlauben keine Vorhersage der Depressionswerte zu Kursende.

4.4.2.7 Multifaktorielle Analyse

Die in den vorausgegangenen Analysen als bedeutsam identifizierten Prädiktoren des Symptomoutcomes für die Gesamtgruppe (Haupteffekt bei Schritt 2 jeweils $p < .10$) wurden schließlich einer gemeinsamen schrittweisen linearen Regression mit dem Depressionswert zu Kursende als abhängige Variable unterzogen.

In die Regressionsanalyse gingen somit der quantitative IDD-Depressionsscore zu Kursbeginn, der quantitative PSE-Angstscore zum Zeitpunkt der Kursrekrutierung, die Coping-Variable „negatives appraisal“, sowie die Größe des Verwandtennetzwerks und die Kontaktfrequenz mit dem Bekanntennetzwerk zum Zeitpunkt der Kursrekrutierung ein. Die Ergebnisse dieser Analyse sind in Tabelle 25 aufgeführt.

Bei einem gesetzten Ausschlußniveau mit 10%iger Irrtumswahrscheinlichkeit verbleiben mit Ausnahme der Variable „Größe des Verwandtennetzwerks“ alle eingegangenen Variablen in der Regressionsgleichung. Die Verteilung der standardisierten Residuen im endgültigen Regressionsmodell folgen der Normalverteilung (K-S Test: $M = 0$, $SD = 0.97$, K-S-Z-Wert: 1.137, $p > .15$). Die erklärte Gesamtvarianz beträgt 50%, der zugehörige F-Wert ist hochsignifikant ($p < .0001$). Der quantitative Depressionsscore zu Kursbeginn, eingegangen in Schritt 1, erklärt bereits 39% der Varianz des Symptomoutcomes. Danach weisen Patienten, die den Kurs mit höherer

Tabelle 25:
Multifaktorielle Prognose des Kurserfolgs[1)]

Prädiktor	***R***	***R*²**	**beta**	***t***	***p***
IDD-Depressionsscore Kursbeginn	.626	.391	.323	2.51	<.02
PSE-Angstscore	.661	.437	.277	2.19	<.04
Kontaktfrequenz mit Bekannten	.690	.476	-.199	-2.16	<.04
Negatives Appraisal	.707	.500	.168	1.73	<.09

[1)] Methode: schrittweise lineare Regression, AV = IDD-Depressionsscore Kursende ($n = 68$).

Eingangsdepressivität beginnen, auch zu Therapieende höhere Depressionswerte auf als Patienten mit niedrigen Depressionswerten zu Kursbeginn. Die Hinzunahme der weiteren, im Einzelvergleich zumindest marginal signifikanten Variablen „PSE-Angstscore", „Kontaktfrequenz mit Bekannten" und „negatives appraisal" führen zu einer signifikanten Steigerung der erklärten Varianz des Symptomoutcomes von weiteren 11% ($F\ (\Delta\ R^2) = 11.38$, $df = 4{,}63$; $p < .001$). Höhere Ängstlichkeit vor Kursbeginn, eine negative Bewertung von Problemsituationen im Sinne von mangelnder Wandelbarkeit, fehlender Kontrollierbarkeit und hoher wahrgenommener Belastung, sowie eine geringe Kontaktfrequenz mit Freunden und Bekannten außerhalb der Familie sagen demnach über den Vorhersagebeitrag der Eingangsdepressivität hinaus einen schlechteren Symptomoutcome zu Kursende voraus.

4.5 Analysen zum Langzeitverlauf

4.5.1 T3: Ausschöpfungsraten und Drop-Outs

Tabelle 26 gibt - getrennt nach Subgruppen - einen Überblick über die Ausschöpfungsrate der T3-Interviews (17 Monate nach T2), bezogen auf die Ausgangsstichprobe T2. Aus der unipolar depressiven Stichprobe T2 (N=277) konnten 72.2% (n=200) zum Follow-Up (T3) reinterviewt werden. Wie aus Tabelle 26 hervorgeht, differieren die Ausschöpfungsquoten zwischen den untersuchten Subgruppen beträchtlich. Der höchste Anteil reinterviewter Patienten liegt mit 95.8% in der Gruppe der Kursbeender, während er in der Subgruppe der ersten 52 Patienten der vorgeschalteten DFG-Studie (ohne Kursangebot) mit 50.0% am niedrigsten ist.

Tabelle 26:
Ausgangsstichprobe T2: Studienteilnehmer und Drop-Out T3[1)]

Substichprobe	n	Teilnehmer T3 *n* (%)	Drop-Out T3 *n* (%)
Kursbeender	71	68 (95.8%)	3 (4.2%)
Kursabbrecher	16	11 (68.7%)	5 (31.2%)
Kursverweigerer	68	48 (70.6%)	20 (29.4%)
Einzelpsychotherapie	41	31 (75.6%)	10 (24.4%)
Schicht/Entfernung	29	16 (55.2%)	13 (44.8%)
Zeitkontrollgruppe	52	26 (50.0%)	26 (50.0%)

[1)] Studienphase 1 und 2 kombiniert, getrennt nach Substichproben.

Ein Vergleich der Drop-Out-Raten aus Studienphase 1 und 2 (Tabelle 27) zeigt, daß die Ausschöpfungsraten zwischen beiden Studienphasen hochsignifikant differieren (p <.001). Während in Studienphase 1 etwas weniger als zwei Drittel der Patienten zu T3 reinterviewt werden konnten, waren es in Studienphase 2 mehr als 90%. Bei dieser Diskrepanz ist zu berücksichtigen, daß die ehemals stationären Patienten der Studienphase 1, die die vorgeschaltete DFG-Studie bis zum Meßzeitpunkt T2 durchliefen, zum Zeitpunkt der Rekrutierung (T0) zunächst lediglich ihr Einverständnis zur Teilnahme an der DFG-Studie gaben. Diese Patienten wurden erst zum Meßzeitpunkt T2 über das nachfolgende BMFT-Projekt (und, sofern geeignet, über die Möglichkeit zur Gruppenintervention) informiert. Erschwerend kam für die T3-Rekrutierung der Patienten aus Studienphase 1 hinzu, daß zu T3 die Kontaktaufnahme durch einen neuen Interviewer (BMFT-Projektmitarbeiter) stattfand, während diese Patienten in der vorgeschalteten DFG-Studie in der Regel zu allen Meßzeitpunkten (T0, T1 und T2) vom selben Interviewer aufgesucht worden waren. Für die Patienten der Studienphase 2, die bereits über die BMFT-Studie rekrutiert worden waren, war dagegen in der Regel die Kontinuität des Interviewpartners über alle folgenden Meßzeitpunkte gewährleistet.

Tabelle 27:
Unipolar depressive Ausgangsstichprobe T2: Vergleich der Drop-Out-Raten aus Studienphase 1 und 2

Studienphase	*n*	**Teilnehmer T3**		**Drop-Out T3**		χ^2	(*df*)	*p*
		n	(%)	*n*	(%)			
1 (T3: 1988 - 1992)[1)]	200	129	(64.5%)	71	(35.5%)	21.27	(1)	.001
2 (T3: 1993 - 1994)[2)]	77	71	(92.2%)	6	(7.8%)			

[1)] Initiale Rekrutierungsphase 1987 – 1990. [2)] Initiale Rekrutierungsphase 1990 – 1992.

Bei den drei Drop-Outs aus der Gruppe der Kursbeender (vgl. Tabelle 26) handelt es sich ausschließlich um Todesfälle im Intervall zwischen Kursende und T3. Ein Patient der Studienphase 1 (m, 50 Jahre) suizidierte sich ca. 6 Monate nach Kursende. Dieser Patient war über den gesamten Kursverlauf symptomfrei, und die Syndromkriterien einer Typisch Depressiven Episode waren zu keinem Zeitpunkt der Kursverlaufsmessung erfüllt. In die T3-Langzeitanalysen zu den kategorialen Symptomverläufen geht er als „Rückfall nach T2" ein. Zwei weitere Kursteilnehmer verstarben an den Folgen körperlicher Erkrankungen. Ein Patient aus Studienphase 1 (m, 55 Jahre) verstarb im Intervall zwischen Kursende und T3 an den Folgen einer Krebserkrankung. Über diesen Patienten liegen keine Informationen zum Depressionsverlauf nach Kursende vor. Ein Kursteilnehmer aus Studienphase 2 (m, 59 Jahre) verstarb im T2–T3-Intervall an den Folgen einer Herzerkrankung. Eine telefonische Kurzkatamnese mit der Ehefrau des Verstorbenen ergab, daß bei diesem im Intervall zwischen T2 (nach Kursende) und Tod keine weitere depressive Episode aufgetreten war. Die erhaltenen Informationen erscheinen jedoch nicht ausreichend, um reliable Aussagen über den Symptomverlauf des Patienten nach Kursende zu gestatten.

Ein weiterer Kursteilnehmer aus Studienphase 2 (m, 60 Jahre) wurde ebenfalls aus den unten aufgeführten Langzeitanalysen ausgeschlossen. Es handelte sich hierbei um einen Patienten mit unipolar depressiver Eingangsdiagnose, der im Intervall zwischen Kursende und Langzeit-Follow-Up erstmals eine bipolare Störung entwickelte. Der Patient war beim Kurzzeit-Follow-Up nach Kursende (T2) symptomfrei gewesen (keine MDE-Diagnose T2, IDD-Score T2: 6, keine (hypo-)manischen Symptome im PSE-Querschnittsbefund T2). Bei der stationären Wiederaufnahme im T2-T3-Intervall erhielt er die Behandlungsdiagnose eines „rapid cyclers" (vgl. APA, 1994). Während hier also bis zum Kurzzeit-Follow-Up eine unipolare Störung vorlag, können bei Patienten mit einem späteren Wechsel zu einer bipolaren oder nichtaffektiv psychotischen Störung generell keine sinnvollen Aussagen zur Langzeitprophylaxe durch die Gruppenintervention getroffen werden, da diese auf die Frage der Rückfall- und Chronifizierungsprophylaxe unipolarer Depressionen beschränkt war. Patienten aus der Gruppe der Nichtkursteilnehmer, die im gesamten Beobachtungsintervall (Kurz- und Langzeitverlauf) eine bipolare oder nichtaffektiv psychotische Störung entwickelten (n = 6), wurden a priori als potentielle Vergleichspaarlinge ausgeschlossen.

Neben den verbleibenden Kursbeendern aus Studienphase 1 und 2 gingen in die nachfolgenden Analysen auch zwei Patienten ein, die in Studienphase 1 am Kursprogramm teilnahmen und dieses wegen stationärer Aufnahme während des 16wöchigen Kursintervalls abbrachen. Der Ausschluß dieser Patienten aus den Analysen der Langzeitverläufe (hier: T2 - T3), ebenso wie der Ausschluß des vor T3 durch Suizid verstorbenen Patienten, hätte eine zu optimistische Schätzung der Rückfall- und Remissionsraten für die Gruppe der Kursteilnehmer geliefert. Insgesamt gingen damit 70 Kursteilnehmer in die Langzeitanalysen ein, die sich auf 40 Patienten der Studienphase 1 und 30 Patienten der Studienphase 2 verteilen.

4.5.2 T3-Stichprobe: Soziodemographische und klinische Pretestmerkmale von Kursteilnehmern und potentieller Vergleichsgruppe

Um Aussagen über die Effektivität der Gruppenintervention im Langzeitverlauf (bis einschließlich T3) machen zu können, galt es zunächst zu untersuchen, inwieweit die zu T3 verfügbare potentielle Vergleichsgruppe von Nichtteilnehmern hinsichtlich der soziodemographischen und klinischen Merkmalsverteilung *vor Kursbeginn* geeignet war, um auf Gesamtgruppenebene deren Langzeitverläufe denen der Kursteilnehmer gegenüberstellen zu können. Die Identifizierung systematischer Unterschiede in verlaufsrelevanten Parametern vor Kursbeginn spricht, ähnlich wie bei der Analyse der Kurzzeitverläufe, gegen ein solches Vorgehen. Die Ergebnisse dieser Vergleiche sind in

Tabelle 28 aufgelistet. Patienten, die wegen Einzelpsychotherapie vom Kursangebot ausgeschlossen worden waren (T3: $n = 31$), sind in den vorliegenden Analysen nicht enthalten.

Tabelle 28:
Soziodemographische und klinische Merkmale vor Kursbeginn der T3-Stichproben von Kursteilnehmern[1] und potentieller Vergleichsgruppe

Variable	Kursteilnehmer ($n = 70$) *M*/%	(*SD*)	Vergleichsgruppe ($n = 90$) *M*/%	(*SD*)	*t* bzw. χ^2	(*df*)	*p*
Alter	44.4	(10.1)	41.9	(10.8)	1.52	(158)	-
Geschlecht (% w)	71.4%		68.9%		0.12	(1)	-
Depressionswert IDD[2]	21.0	(14.6)	15.6	(13.9)	2.39	(157)	<.02
Depressionswert PSE[2]	8.9	(6.0)	6.9	(6.2)	2.10	(158)	<.04
Angstscore PSE[2]	9.1	(6.4)	7.5	(7.1)	1.46	(158)	-
CATEGO-Score[2]	15.3	(10.3)	11.6	(11.6)	2.09	(158)	<.04
MDE (DSM-III-R)[2]	37.1%		16.7%		8.66	(1)	<.01
nachstationärer Verlauf vor Kursbeginn (T1-T2)[3]							
- Rückfall[4]	46.2%		23.0%		5.02	(1)	<.03
- Nichremission[5][6]	80.0%		31.3%		3.70	(1)	(<.12)

[1] Kursbeender aus Studienphase 1 und 2, inclusive $n = 2$ Kursabbrecher aus Studienphase 1 wegen stationärer Wiederaufnahme. [2] bei Kursrekrutierung (T1 oder T2). [3] nur exstationäre Patienten der Studienphase 1. [4] Ausgangsstichprobe: $n_{KURS} = 26$, $n_{KG} = 74$ remittierte Patienten T1. [5] Ausgangsstichprobe: $n_{KURS} = 5$, $n_{KG} = 16$ nichtremittierte Patienten T1. [6] Fisher´s Exact Test.

Die für die T3-Analysen verfügbaren Patienten aus Kurs und potentieller Vergleichsgruppe unterscheiden sich nicht signifikant im Durchschnittsalter, auch die Geschlechterverteilung ist in beiden Gruppen ähnlich. Deutliche Unterschiede finden sich jedoch im Bereich der klinischen Symptomatik vor Kursbeginn. Mit Ausnahme des quantitativen PSE-Angstscores sind alle untersuchten querschnittlichen Symptomskalen vor Kursbeginn (IDD-Score, PSE-Depressionsscore und CATEGO-Gesamtscore) bei den Kursteilnehmern signifikant erhöht. Weiterhin ist der Anteil von Patienten, die zum Zeitpunkt der Kursrekrutierung die Syndrom- und Dauerkriterien einer Typisch Depressiven Episode nach DSM-III-R erfüllten, bei den Kursteilnehmern um mehr als das Doppelte erhöht (p <.01). Für die Subgruppen exstationärer Patienten der Studienphase 1, für die Informationen zum nachstationären Symptomverlauf vor Kursrekrutierung (T2) vorliegen, wird desweiteren ein wesentlich ungünstigerer Symptom-Vorverlauf für die Gruppe der späteren Kursteilnehmer identifiziert. Fast die Hälfte der hier untersuchten Patienten, die nach stationärer Entlassung remittiert waren, hatten bis zum Meßzeitpunkt T2 bereits einen Rückfall in die depressive Episode erlebt (46.2%), in der Vergleichsgruppe waren es dagegen nur 23.0% (p <.03). Innerhalb der Subgruppe nichtremittiert entlassener Patienten zeichnet sich ein ähnlich ungünstiges Bild für die späteren Kursteilnehmer ab. Von den n = 5 Patienten, die zum nachstationären Meßzeitpunkt T1 die Kriterien einer Typisch Depressiven Episode erfüllten, waren n = 4 (80%) auch zum Meßzeitpunkt T2 in einer depressiven Episode, während von den n = 16 initial depressiven Patienten der potentiellen Vergleichsgruppe der entsprechende Anteil zu T2 bei 31.3% lag. Dieser Unterschied in den Nichtremissionsraten wird aufgrund der geringen Stichprobengröße jedoch nicht signifikant.

Ähnlich wie bereits aus den Akzeptanzanalysen (vgl. Kapitel 4.2) abgeleitet, läßt sich damit auch für die verfügbaren T3-Stichproben feststellen, daß die Kursteilnehmer keinen repräsentativen Ausschnitt der Gesamtstichprobe darstellen, sondern ein hochselegiertes Subsample deutlicher beeinträchtigter Patienten vor Interventionsbeginn. Für die Analyse der Langzeitverläufe von T2 nach T3 verbietet sich deshalb, ebenso wie bereits für die Kurzzeitanalysen dargelegt, ein globaler Vergleich der längerfristigen Depressionsverläufe von Kursteilnehmern und Nichtteilnehmern auf Gesamtgruppenebene. Aus diesem Grund wurden die vorliegenden Langzeitverläufe ebenfalls anhand eines matched-pair Ansatzes analysiert.

4.5.3 Der Langzeitverlauf von Kursteilnehmern der Studienphase 2 und gematchter Vergleichsgruppe

Im folgenden wird zunächst die T3-Stichprobe der Kursteilnehmer aus Studienphase 2, die bereits ausführlich in einer vergleichenden Analyse zum Kurzzeitverlauf einer gematchten Vergleichsgruppe gegenübergestellt wurde (vgl. Kapitel 4.3.2), mit einer Gruppe von Nichtteilnehmern hinsichtlich des

Langzeitverlaufs verglichen. Die Nichtteilnehmer wurden aus dem o.g. T3-Stichprobenpool von 90 Patienten gezogen, der sich aus Patienten der Zeitkontrollgruppe, Verweigerern und Patienten, die wegen Schicht oder zu großer Entfernung nicht am Kursprogramm teilgenommen hatten, zusammensetzte. Zunächst wurden diejenigen Paarlinge beibehalten, die bereits für die Kurzzeitanalysen herangezogen worden waren, und für die T3-Informationen vorlagen. Paarlinge, die für die vergleichenden Analysen zu T3 nicht mehr zur Verfügung standen (Drop-Outs und Kursteilnehmer der Studienphase 1) wurden durch neue Kontrollpersonen ersetzt, die ihrem jeweiligen Paarling aus der Gruppe der Kursteilnehmer hinsichtlich Alter, Geschlecht, Diagnosenstatus einer Typisch Depressiven Episode nach DSM-III-R und quantitativem subjektiven Depressionsscore (IDD) zum Zeitpunkt T1 (vor Kursbeginn) vergleichbar waren. In Tabelle 29 sind die Ergebnisse zu den Pretest-Parallelisierungsmerkmalen von Kurs- und gematchter Vergleichsgruppe aufgeführt. Aufgrund des deutlichen Stichprobenschwunds von T2 nach T3 konnte für einen Kursteilnehmer mit depressivem Status zu T1 (MDE-Diagnose nach PSE) keine entsprechende Kontrollperson gefunden werden, die gleichzeitig hinsichtlich der weiteren Parallelisierungsmerkmale vergleichbar war. Die Kontrollperson dieses Kursteilnehmers erfüllt zum Pretest (T1) nicht die Kriterien einer Typisch Depressiven Episode, so daß der Anteil depressiver Fälle vor Kursbeginn in der Gruppe der Kursteilnehmer geringfügig höher liegt (33.3% versus 30.0%).

Nach der so erfolgten Zusammenstellung der Vergleichsgruppen wurden in einem ersten Schritt nochmals deren Kurzzeitverläufe von T1 nach T2 analysiert. Da bei insgesamt 16 Kursteilnehmern der Paarling, der für die Kurzzeit-Analysen herangezogen worden war (vgl. Kapitel 4.3.2.1), ausgetauscht werden mußte, gibt diese Analyse auch Hinweise auf die Stabilität der dort gewonnenen Ergebnisse zum depressiven Kurzzeitverlauf. Tabelle 29 enthält auch die Ergebnisse zu den Rückfall- und Remissionsraten der T3-Stichproben von Kursteilnehmern und Kontrollen im Kurzzeitverlauf von T1 (Pretest) nach T2 (Posttest). Es resultieren hier sehr ähnliche Verlaufsunterschiede wie für die in Kapitel 4.3.2.3 untersuchten 32 Kursteilnehmer und Kontrollen. In der Kontrollgruppe findet sich eine vergleichbare, gegenüber der Gruppe von Kursteilnehmern ca. dreifach höhere kumulative Rückfallrate im Halb-Jahres-Zeitraum unter Intervention, und die Anteile depressiver Rückfälle, die aus dem reinen Querschnittsbefund zu T2 resultieren, differieren ähnlich den in Kapitel 4.3.2.3 berichteten Ergebnissen. Auch die Ergebnisse zu den Remissionsraten initial depressiver Kursteilnehmer und Kontrollen liegen im Bereich dessen, was für die Kurzzeitanalysen berichtet wurde.

Tabelle 29:
Parallelisierungsmerkmale (T1) und Kurzzeitverlauf unter Intervention der T3-Stichproben von Kursteilnehmern aus Studienphase 2[1] und gematchter Vergleichsgruppe

Variable	Kursteilnehmer (*n* = 30) *M*/%	(*SD*)	Vergleichsgruppe (*n* = 30) *M*/%	(*SD*)	*t* bzw. χ^2	(*df*)	*p*
Alter	44.0	(10.8)	44.6	(10.5)	0.81	(1,58)	-
Geschlecht (% w)	66.7%		66.7%		0.00	(1)	-
Depressionswert IDD T1	23.1	(14.2)	23.4	(16.4)	0.06	(1,58)	-
MDE-Anteil (DSM-III-R T1)	33.3%		30.0%		0.08	(1)	-
Subgruppe remittierter Patienten T1[2]							
- % Rückfälle nach T1 bis T2	15.0%		47.6%		5.03	(1)	<.03
- % Rückfälle zu T2 anhaltend	5.0%		33.3%		5.24	(1)	<.05[3]
Subgruppe nicht-remittierter Patienten T1[4]							
- % Remissionen T2	60.0%		55.6%		0.04	(1)	-

[1] Kursteilnahme zwischen T1 und T2, T2 = Kurzzeit-Follow-Up nach Kursende. [2] n_{KURS}=20, n_{KG}= 21. [3] Fisher's Exact Test. [4] n_{KURS}=10, n_{KG}= 9.

Im folgenden werden die Ergebnisse zur Querschnittssymptomatik T3 und zum Depressionsverlauf des eineinhalbjährigen Intervalls zwischen T2 (nach Kursende) und T3 der jeweils *n* = 30 Kursteilnehmer aus Studienphase 2 und Vergleichsgruppe berichtet.

In Tabelle 30 sind zunächst die Behandlungsdaten von Kursteilnehmern und Vergleichsgruppe im T2-T3-Intervall aufgeführt. Die Vergleichsgruppe hatte einen geringfügig, statistisch nicht signifikant höheren Anteil stationärer Aufnahmen im 1.5-Jahres-Zeitraum (7 Kontrollpersonen gegenüber 5 Kursteilnehmern). Hier wurden sowohl psychiatrisch-stationäre als auch psychoso-

Tabelle 30:
Behandlungsdaten von Kursteilnehmern (Studienphase 2)[1] und Vergleichsgruppe

Variable	Kursteilnehmer (*n* = 30) *M*/%	(*SD*)	Vergleichsgruppe (*n* = 30) *M*/%	(*SD*)	*t* bzw. χ^2	(*df*)	*p*
Nachinterventions-Intervall T2-T3							
% stationäre Aufnahmen nach T2 (Posttest)	16.7%		23.3%		0.42	(1)	-
Anzahl ambulanter nervenärztlicher Kontakte T2-T3	5.9	(7.4)	11.6	(14.6)	1.78	(1,34.0)	<.09
Anzahl psychotherapeutischer Kontakte T2-T3	6.6	(19.6)	6.5	(11.4)	-0.02	(1,58)	-
Querschnitt T3							
% fachspezifische Behandlung (Nervenarzt u./o. Psychotherapie)	56.7%		50.0%		0.27	(1)	-
% antidepressive Medikation	26.7%		36.7%		0.69	(1)	-

[1] Kursteilnahme zwischen T1 und T2, T2 = Kurzzeit-Follow-Up nach Kursende.

matisch/psychotherapeutische Aufnahmen gezählt. Patienten der Vergleichsgruppe hatten im Intervall tendenziell häufiger nervenärztliche Termine in Anspruch genommen. Zum Querschnitt T3 war jedoch ein fast identischer Anteil beider Gruppen aktuell in nervenärztlicher und/oder psychotherapeutischer Behandlung. Ein etwas höherer Prozentsatz der Vergleichsgruppe war zum Zeitpunkt T3 unter antidepressiver Medikation, dieser Unterschied ist statistisch jedoch nicht signifikant. Insgesamt ist festzustellen, daß die beiden Gruppen keine deutlichen Unterschiede im Inanspruchnahmeverhalten fachspezifischer Einrichtungen und Behandlungen über das 1.5-Jahres-Intervall nach Kursende aufweisen.

Betrachtet man die klinische Querschnittssymptomatik zum Zeitpunkt des T3-Follow-Ups (Tabelle 31), so weisen die ehemaligen Kursteilnehmer in allen hier untersuchten quantitativen Symptomskalen niedrigere Durchschnittswerte auf als die Vergleichsgruppe. Diese Unterschiede sind bei zweiseitiger Testung jedoch nicht signifikant, sie zeigen sich bezüglich des durchschnittlichen PSE-Depressionsscores, des PSE-Angstscores und des CATEGO-Gesamtscores lediglich als statistische Tendenz. Dagegen ist der Anteil von Patienten, die im PSE-Querschnittsbefund die Kriterien einer Depressiven Episode erfüllen, in der Gruppe der Kursteilnehmer mit 6.7% gegenüber der Kontrollgruppe mit 26.7% statistisch signifikant reduziert ($p < .04$).

Tabelle 31:
Querschnittssymptomatik T3[1)] von Kursteilnehmern aus Studienphase 2[2)] und Vergleichsgruppe

Variable	Kursteilnehmer (n = 30) *M*/%	(*SD*)	Vergleichsgruppe (n = 30) *M*/%	(*SD*)	t bzw. χ^2	(*df*)	p
Depressionsscore IDD	14.0	(11.1)	19.0	(19.5)	1.21	(1,44.0)	-
Depressionsscore PSE	4.7	(4.8)	7.8	(7.1)	1.98	(1,50.8)	<.06
Angstscore PSE	5.0	(3.8)	8.1	(7.5)	2.00	(1,42.7)	<.06
CATEGO-Gesamtscore	8.2	(6.9)	13.6	(13.4)	1.95	(1,43.2)	<.06
MDE-Anteil (DSM-III-R)	6.7%		26.7%		4.32	(1)	<.04

[1)] T3: 1.5 Jahre nach Kursende. [2)] Kursteilnahme zwischen T1 und T2.

Bei der Gegenüberstellung dieser Ergebnisse aus quantitativen Depressionsskalen (IDD, PSE) und kategorialer MDE-Diagnose (PSE) ist zu berücksichtigen, daß in erstere alle depressiven Leit- und Begleitsymptome gleichwertig eingehen, während die MDE-Diagnose eine spezifische Symptomkonfiguration von Leit- und Begleitsymptomen fordert.

Während die hier aufgeführten Analysen lediglich den Querschnitts-Symptomstatus zum Follow-Up berücksichtigen, werden im folgenden die

Depressions*verläufe* der Kursteilnehmer aus Studienphase 2 und deren gematchter Vergleichsgruppe bis einschließlich T3 betrachtet. Depressive Nichtremissionen und Rückfälle werden dabei wiederum getrennt analysiert.

Für die Untersuchung depressiver *Nichtremissionen bzw. Chronifizierungen* wurden für die Ausgangsstichprobe initial (d.h. zu T1) depressiver Kursteilnehmer und Kontrollen die Remissionsraten zu T3 berechnet. Ein Patient dieser Ausgangsstichprobe wird zu T3 als remittiert betrachtet, wenn er im PSE-Querschnittsbefund die Schwere- und Dauerkriterien einer depressiven Episode nicht erfüllt und zusätzlich im Halb-Jahres-Intervall vor T3 *nicht* in stationärer Behandlung aufgrund depressiver Symptomatik war.

Aufgrund der geringen T3-Substichprobengrößen initial depressiver Kursteilnehmer (n = 10) und Kontrollen (n = 9) sind die nachfolgenden Ergebnisse mit Zurückhaltung zu interpretieren. Nach o.g. Remissionskriterien waren 9 der 10 Kursteilnehmer (90%) und 6 der 9 Kontrollen (66.7%) zum Follow-Up remittiert. Der Unterschied in den Remissionsraten beider Gruppen ist statistisch nicht signifikant (χ^2 =1.55 (1), *ns.*). Betrachtet man den Symptomverlauf dieser Patienten über das T2-T3 Intervall im einzelnen, so waren jeweils 4 initial depressive Patienten aus Kurs und Vergleichsgruppe zum Kurzzeit-Follow-Up remittiert und blieben über das gesamte Nachbehandlungsintervall weiterhin symptomfrei. 2 weitere Patienten der Kursgruppe, die zum Kurzzeit-Follow-Up remittiert waren, berichteten über eine erneute Episode im T2-T3-Intervall, die zu T3 jedoch wieder abgeklungen war. Dagegen wies ein Patient der Kontrollgruppe, der zu T2 remittiert war, sowohl eine Intervalldiagnose als auch eine Querschnittsdiagnose zu T3 auf (diejenigen Patienten aus Kurs und Kontrollgruppe, die zu Kursende remittiert waren, sind auch in der weiter unten aufgeführten Analyse 1 zum Rückfallrisiko remittierter Patienten nach Kursende enthalten). Von den initial depressiven Patienten, die auch zum Kurzzeit-Follow-Up (T2) die Kriterien einer depressiven Episode erfüllten (jeweils 4 aus Kurs und Kontrollgruppe) war ein Kursteilnehmer nach o.g. Kriterien bis zu T3 nicht remittiert, aus der Vergleichsgruppe waren es 2 Patienten.

Für die Untersuchung depressiver *Rückfälle* können grundsätzlich verschiedene Ausgangsstichproben definiert werden, anhand derer sich unterschiedliche Fragestellungen analysieren lassen:

1. *Remittierte Patienten nach Kursende.* Hierunter sind alle Patienten subsumiert, die zu T2 (Kurzzeit-Follow-Up nach Kursende) soweit symptomfrei waren, daß die Querschnittsdiagnose einer depressiven Episode (DSM-III-R) nicht erfüllt war. Diese Ausgangsstichprobe enthält eine Gruppe von Patienten, die im T1-T2-Intervall durchgängig symptomfrei waren, weiterhin solche, die im T1-T2-Intervall einen depressiven Rückfall erlitten hatten, zu T2 jedoch bereits wieder remittiert waren und schließlich Patienten, die zu T1 noch klinisch depressiv waren, zu T2 jedoch nicht mehr. Für diese Ausgangsstichprobe lassen sich Aussagen darüber machen, inwieweit - unabhängig vom Symptomstatus unter Intervention - für Patienten, die zu Behandlungsende symptomfrei waren, *nach* Beendigung der Gruppenintervention eine prophylaktische Wirkung des Programms nachweisbar ist.

2. *Remittierte Patienten T1 bis einschließlich T2.* Diese Ausgangsstichprobe bilden Patienten, die weder zu T1 noch zu T2 noch im dazwischenliegenden Intervall die Kriterien einer depressiven Episode erfüllten. Für diese Ausgangsstichprobe kann analysiert werden, inwieweit Kursteilnehmer, die über die Zeitdauer der Intervention vor einem depressiven Rückfall „geschützt" waren, mit den - zahlenmäßig geringeren - symptomfreien Patienten der Vergleichsgruppe hinsichtlich des weiteren Verlaufs nach Kursende vergleichbar sind oder ob bei den Kursteilnehmern depressive Rückfälle in das Nachbehandlungsintervall verschoben werden.
3. *Remittierte Patienten zu T1.* Ausgangsstichprobe bilden hier diejenigen Patienten, die initial symptomfrei waren, und für die bereits Rückfallraten für das Halb-Jahres-Intervall während der Intervention berücksichtigt werden. Für diese Patienten lassen sich kumulative Rückfallraten für den Zeitraum nach T1 bis einschließlich T3 berechnen. Aus dem Vergleich der beiden Substichproben von Kursteilnehmern und -nichtteilnehmern resultiert somit eine Gesamtbilanz aller Rückfälle seit Beginn der prophylaktischen Intervention.

Bei der Zählung von Rückfällen wurden weiterhin folgende Definitionen unterschieden, die nach der Strenge des Rückfallkriteriums variieren:

1. *Weite Rückfalldefinition.* Ein Patient aus einer der o.g. Ausgangsstichproben 1-3 wird als rückfällig im T2-T3-Intervall bezeichnet, wenn er im PSE-Querschnittsbefund die Schwere- und Dauerkriterien einer depressiven Episode erfüllt und/oder zum Zeitpunkt T3 für das zurückliegende 1.5-Jahres-Intervall zwischen T2 und T3 retrospektiv (mindestens) eine Phase depressiver Symptomatik angibt, die o.g. Schwere- und Dauerkriterien erfüllt, unabhängig davon, ob sich der Patient in dieser zurückliegenden Episode in (stationäre) Behandlung begeben hatte oder nicht. Mit dieser Rückfalldefinition werden somit auch leichtere Intervallepisoden mitgezählt, die jedoch aufgrund des retrospektiv zu beurteilenden 1.5-Jahres-Zeitraums seit dem letzten

Interview mit dem Problem eingeschränkter Erinnerungsgüte behaftet sind.

2. *Strenge Rückfalldefinition.* Ein Patient aus einer der o.g. Ausgangsstichproben wird als rückfällig im T2-T3-Intervall bezeichnet, wenn er im PSE-Querschnittsbefund zu T3 die Symptom- und Dauerkriterien einer depressiven Episode erfüllt und/oder im T2-T3 Intervall wegen einer depressiven Episode stationär aufgenommen worden war. Diese Definition führt zur selben Entscheidung über das Vorliegen eines Rückfalls wie die unter 1) aufgeführte Definition, wenn eine Intervallepisode zu einer stationären Aufnahme geführt hatte. Alle nicht stationär behandelten Intervallepisoden (nicht jedoch T3-Querschnittsepisoden) bleiben dagegen unberücksichtigt.

Die Ergebnisse zu den depressiven Rückfallraten der Kursteilnehmer aus Studienphase 2 und der Vergleichsgruppe von Nichtteilnehmern sind in Tabelle 32 aufgeführt.

Betrachtet man zunächst die heterogene Ausgangsgruppe remittierter Patienten nach Kursende (T2, Analyse 1), so fällt auf, daß bei weiter Rückfalldefinition ein ca. doppelt so hoher Anteil an Patienten der Kursgruppe (32.0%) einen Rückfall in die depressive Episode erlebt hatte als in der Vergleichsgruppe (hier 15.8%). Dieser Unterschied ist aufgrund der geringen Fallzahlen statistisch jedoch nicht signifikant. Das Übergewicht an Rückfällen bei den Kursteilnehmern ist auf einen größeren Anteil von Patienten mit reinen Intervallepisoden in dieser Gruppe zurückzuführen, die nicht stationär behandelt worden waren. Bei der Anwendung des strengeren Rückfallkriteriums sind die Anteile von Patienten mit Rückfall nach Beendigung der Intervention in beiden Gruppen vergleichbar (16.0% vs. 15.8%).

Bei der Betrachtung der beiden Subgruppen von Patienten, die über das gesamte Interventionsintervall T1-T2 symptomfrei blieben (Analyse 2) bleibt zunächst zu berücksichtigen, daß diese Ausgangsstichprobe in der Vergleichsgruppe gegenüber der Kursgruppe reduziert ist, da, wie bereits in den Kurzzeitanalysen angeführt, ein höherer Prozentsatz an Patienten der Vergleichsgruppe bereits im Interventionsintervall einen depressiven Rückfall erlebt hatte. Solche Patienten sind aus der vorliegenden Analyse (2) ausgeschlossen. Nach weiter Definition (siehe Analyse 2, Spalte 1) erlitten von den 17 im Behandlungsintervall symptomfreien Patienten der Kursgruppe 29.4% im 1.5jährigen Intervall bis einschließlich T3 einen Rückfall in die depressive Episode, von den 11 Patienten der Vergleichsgruppe dagegen nur ein Patient (9.1%). Dieses Ergebnis kann dahingehend interpretiert werden, daß in der Gruppe der Kursteilnehmer

Tabelle 32:
Symptomverläufe von Kursteilnehmern (Studienphase 2)[1] und Vergleichsgruppe im Intervall nach Kursende (T2 bis T3)

Variable	Kursteilnehmer *n/N*	(%)	Vergleichsgruppe *n/N*	(%)	χ^2	(*df*)	*p*
Analyse 1: Remittierte Patienten nach Kursende (T2)							
% Rückfälle nach T2 bis einschließlich T3							
- weite Definition[2]	8/25	32.0%	3/19	15.8%	1.51	(1)	-
- strenge Definition[2]	4/25	16.0%	3/19	15.8%	0.00	(1)	-
Analyse 2: Remittierte Patienten T1 bis einschließlich T2							
% Rückfälle nach T2 bis einschließlich T3							
- weite Definition[2]	5/17	29.4%	1/11	9.1%	1.64	(1)	-
- strenge Definition[2]	2/17	11.8%	1/11	9.1%	0.05	(1)	-
Analyse 3: Remittierte Patienten zu Kursbeginn (T1)							
% Rückfälle nach T1 bis einschließlich T3							
- weite Definition[2]	8/20	40.0%	11/21	52.4%	0.63	(1)	-
- strenge Definition[2]	4/20	20.0%	8/21	42.9%	2.47	(1)	(.12)

[1] Kursteilnahme zwischen T1 und T2, T2 = Kurzzeit-Follow-Up nach Kursende, T3=1.5 Jahre nach Kursende. [2] Erläuterung siehe Text.

depressive Rückfälle in das Nachbehandlungsintervall verschoben sind. Dies trifft jedoch nur zu, wenn auch stationär nicht behandelte, reine Intervall-episoden mitgezählt werden. Bei strenger Rückfalldefinition hingegen sind die Anteile depressiver Rückfälle nach Kursende in beiden Gruppen vergleichbar (11.8% vs. 9.1%, vgl. Analyse 2, Spalte 2).

Analyse 3 untersucht schließlich die kumulativen Rückfallraten von Kurs- und Vergleichsgruppe von T1 bis einschließlich T3. Wie daraus hervorgeht, besteht in der Vergleichsgruppe insgesamt kein deutliches Überwiegen depressiver

Rückfälle, wenn wiederum alle Episoden gezählt werden (Analyse 3, Spalte 1: 52.4% versus 40.0% in der Kursgruppe). Jedoch zeigt sich, daß unter Auslassung berichteter Intervallepisoden, die zu den jeweiligen Querschnitten T2 und T3 nicht mehr andauerten und in den Intervallen (T1-T2 und T2-T3) auch nicht zu stationären Aufnahmen geführt hatten, die kumulierte Rückfallrate in der Vergleichsgruppe mehr als doppelt so hoch war als in der Gruppe der Kursteilnehmer. Dieses Übergewicht an Rückfällen in der Vergleichsgruppe ereignete sich jedoch, bezieht man die Ergebnisse der Kurzzeitanalysen und o.g. Analyse 2 mit ein, bereits im Interventionsintervall zwischen T1 und T2.

Bezüglich der Rückfallwahrscheinlichkeit bleibt zusammenfassend festzuhalten, daß nach den Ergebnissen der vorliegenden Analysen der prophylaktische Effekt des Kursprogramms bei Patienten, die zu Kursbeginn remittiert waren, vor allem für denjenigen Zeitraum nachweisbar ist, in dem die Intervention stattgefunden hatte. Während in diesem Behandlungsintervall bereits der größte Teil der Rückfäller der Vergleichsgruppe einen Rückfall in die depressive Episode erlebt hatte, scheinen die Kursteilnehmer während des aktiven Interventionsintervalls vor Rückfällen geschützt. *Nach* Beendigung der Intervention weisen diese jedoch vermehrt leichtere Episoden (weites Rückfallkriterium) auf, sodaß sich die kumulierten Rückfallraten der beiden Gruppen bis zum Langzeit-Follow-Up annähern. Allerdings finden sich Hinweise darauf, daß die Kursteilnehmer eine insgesamt etwas günstigere Rückfallprognose als die Vergleichsgruppe aufweisen, wenn ein strengeres Rückfallkriterium angesetzt wird. Dieser Unterschied ist betragsmäßig zwar deutlich, erreicht aufgrund der geringen Teilstichprobengrößen jedoch keine statistische Signifikanz.

4.5.4 Der Langzeitverlauf von Kursteilnehmern der Studienphase 1 und gematchter Vergleichsgruppe

Im folgenden wird der Verlauf T2-T3 der Kursteilnehmer aus Studienphase 1 dem einer Vergleichsgruppe gegenübergestellt. Diese setzt sich ebenfalls zusammen aus einer Teilstichprobe der 90 Patienten, die prinzipiell kursgeeignet waren (s.o.). Die Heranziehung geeigneter Kontrollpatienten anhand relevanter Pretestmerkmale gestaltete sich hier jedoch noch schwieriger als für die Kursteilnehmer der Studienphase 2. So wäre es hier sinnvoll gewesen, neben den oben ausgewählten Matching-Variablen Alter, Geschlecht, Diagnosestatus und Ausmaß subjektiver Depressivität vor Kursbeginn für die exstationären Patienten auch den klinischen Verlauf der Depression nach Entlassung (T1) bis zum Meßzeitpunkt vor Kursbeginn (hier: T2) zu berücksichtigen. Dies war jedoch bei gleichzeitiger Berücksichtigung der weiteren Kontrollvariablen aufgrund des geringen Stichprobenaufkonmmens geeigneter Vergleichspatienten nicht möglich, da die Kursteilnehmer, wie bereits in Kapitel 4.5.2 ausgeführt (vgl. Tabelle 28), eine hochselegierte Gruppe mit ungünstigem Depressionsverlauf im Halb-Jahres-Intervall vor Kursbeginn darstellten. Weiterhin konnten lediglich Paarlinge gleichen Geschlechts selegiert werden, die sich hinsichtlich Alter und subjektiver Depressivität zum Zeitpunkt T2 am nächsten waren, während der kategoriale Depressionsstatus zu T2 aufgrund mangelnder Verfügbarkeit entsprechender Kontrollpersonen nicht in jedem Fall berücksichtigt werden konnte.

Wie in Kapitel 4.5.1 erwähnt, beinhaltet die Gruppe der Kursteilnehmer aus Studienphase 1 auch zwei Patienten, die den Kurs wegen stationärer Wiederaufnahme abbrachen, sowie einen Patienten, der sich im Intervall nach Kursende suizidiert hatte. Dieser Patient konnte jedoch nur für die Rückfallanalysen berücksichtigt werden. Sein Paarling wurde deshalb aus den Analysen zur quantitativen Symptomatik zum Querschnitt T3 und zur dort erhobenen Informationen über Behandlungsdaten im T2-T3-Intervall ebenfalls ausgeschlossen. Die Ergebnisse der Zusammenstellung der Vergleichsgruppen sind in Tabelle 33 aufgeführt.

<u>Tabelle 33:</u>

Parallelisierungsmerkmale (T2) von Kursteilnehmern der Studienphase 1[1)] und gematchter Vergleichsgruppe

Variable	**Kursteilnehmer** (n = 40) *M/%*	**(*SD*)**	**Vergleichsgruppe** (n=40) *M/%*	**(*SD*)**	***t* bzw. χ^2**	**(*df*)**	***p***
Alter	44.7	(9.6)	44.0	(9.5)	-0.33	(1,78)	-
Geschlecht (% w)	75.0%		75.0%		0.00	(1)	-
Depressionswert IDD zu T2	19.4	(15.0)	17.6	(14.1)	-0.55	(1,78)	-
MDE-Anteil (DSM-III-R) zu T2	40.0%		30.0%		0.88	(1)	-

[1)] Kursteilnahme nach T2, T3 = 1 Jahr nach Kursende.

Wie daraus hervorgeht, ist der Anteil depressiver Fälle vor Kursbeginn (PSE-Diagnose einer depressiven Episode zu T2) in der Kursgruppe gegenüber der Vergleichsgruppe um 10% erhöht, da für vier Kurspatienten mit depressiver Querschnittsdiagnose kein geeigneter Paarling mit ebenfalls depressiver Querschnittsdiagnose gefunden werden konnte, der gleichzeitig die weiteren Kontrollmerkmale erfüllte. Aus diesem Grund sind die nachfolgenden Ergebnisse der vergleichenden Analysen nur mit Zurückhaltung zu interpretieren.

Tabelle 34 faßt zunächst die Behandlungsdaten von Kursteilnehmern und Vergleichsgruppe im 1-Jahres-Zeitraum nach Kursende zusammen, die zu T3 erhoben wurden. Wie daraus hervorgeht, war in der Vergleichsgruppe ein etwas höherer Anteil stationärer Aufnahmen im Intervall zu verzeichnen (33.3% gegenüber 20.5%). Dieser Unterschied ist statistisch jedoch nicht signifikant.

Tabelle 34:
Behandlungsdaten von Kursteilnehmern (Studienphase 1)[1] und Vergleichsgruppe

Variable	**Kursteilnehmer** (*n* = 39) *M*/%	(*SD*)	**Vergleichsgruppe** (*n* = 39) *M*/%	(*SD*)	***t* bzw.** χ^2	(*df*)	*p*
Verlauf T2-T3							
stationäre Aufnahmen nach T2	20.5%		33.3%		1.63	(1)	-
ambulante nervenärztliche Kontakte T2-T3	4.0	(12.4)	9.3	(12.8)	1.80	(65.4)	<.08
ambulante psychotherapeutische Kontakte T2-T3	7.1	(11.9)	5.6	(13.8)	-0.51	(76)	-
Querschnitt T3							
fachspezifische Behandlung (NA u./o. PTH)	46.2%		46.2%		0.00	(1)	-
antidepressive Medikation	48.7%		43.6%		0.21	(1)	-

[1] Kursteilnahme nach T2, T3 = 1 Jahr nach Kursende.

Die Vergleichsgruppe hatte weiterhin im Durchschnitt eine statistisch tendenziell höhere Anzahl nervenärztlicher Kontakte im Intervall, während die Anzahl psychotherapeutischer Kontakte beider Gruppen vergleichbar war. Jeweils knapp die Hälfte der Patienten aus Kurs- und Vergleichsgruppe war zum Zeitpunkt des Langzeit-Follow-Ups (T3) in nervenärztlicher und/oder psychotherapeutischer Behandlung. Ein vergleichbarer Anteil beider Gruppen stand zu diesem Zeitpunkt auch unter antidepressiver Medikation.

Die klinische Querschnittssymptomatik zum Follow-Up, gemessen anhand der Depressionsscores aus IDD und PSE, PSE-Angstscore und CATEGO-Gesamtscore, weist für die beiden Gruppen betragsmäßig sehr ähnliche und nicht signifikant differierende Mittelwerte auf (vgl. Tabelle 35). Ein identischer Prozentsatz beider Gruppen erfüllte schließlich zum Querschnitt T3 aktuell die Kriterien einer depressiven Episode.

Tabelle 35:
Querschnittssymptomatik T3[1)] von Kursteilnehmern aus Studienphase 1[2)] und Vergleichsgruppe (parallelisiert nach Pretreatmentvariablen T2)

Variable	Kursteilnehmer (n = 39)		Vergleichsgruppe (n = 39)		t bzw. χ^2	(df)	p
	M/%	(*SD*)	*M*/%	(*SD*)			
Depressionsscore IDD	15.5	(14.0)	16.8	(14.8)	0.37	(75)	-
Depressionsscore PSE	5.9	(5.2)	6.8	(5.7)	0.73	(76)	-
Angstscore PSE	7.2	(7.1)	7.5	(6.1)	0.19	(76)	-
CATEGO-Gesamtscore PSE	10.7	(9.6)	11.6	(9.8)	0.41	(76)	-
MDE-Anteil (DSM-III-R)	12.8%		12.8%		0.00	(1)	-

[1)] T3: 1 Jahr nach Kursende, bei stationär rekrutierten Patienten 2 Jahre nach Entlassung. [2)] Kursteilnahme nach T2.

Die Ergebnisse von Varianzanalysen mit Meßwiederholung der quantitativen Symptomscores von T2 (vor Kursbeginn) nach T3 sind in Tabelle 36 aufgelistet. In beiden Gruppen resultierten hier vergleichbare, signifikante Verbesserungen

Tabelle 36:
Symptomverläufe (T2 – T3) von Kursteilnehmern (Studienphase 1) und parallelisierter Vergleichsgruppe: Varianzanalysen mit Meßwiederholung

Symptomscore	Kursteilnehmer Studienphase 1[1)2)]				Vergleichsgruppe[2)3)]				Effekte					
	T2		T3		T2		T3		Gruppe		Zeit		Gruppe x Zeit	
	M	*(SD)*	*M*	*(SD)*	*M*	*(SD)*	*M*	*(SD)*	*F*	*p*	*F*	*p*	*F*	*p*
Depressionsscore IDD	19.9	(14.8)	15.5	(14.1)	17.0	(14.3)	16.4	(14.8)	0.11	-	3.03	.08	1.68	-
Depressionsscore PSE	9.0	(6.9)	5.9	(5.2)	8.1	(7.1)	6.6	(5.7)	0.00	-	10.66	.01	1.27	-
Angstscore PSE	9.3	(6.8)	7.2	(7.1)	9.2	(7.6)	7.3	(6.1)	0.00	-	7.28	.01	0.02	-
CATEGO-Gesamtscore PSE	15.5	(11.4)	10.7	(9.6)	14.5	(12.7)	11.3	(9.9)	0.01	-	11.74	.001	0.49	-

[1)] Kursteilnahme nach T2, T3 = 1 Jahr nach Kursende. [2)] $n = 39$. [3)] parallelisiert zum Pretest (T2) nach Alter, Geschlecht und Depressivität.

der einzelnen Symptomscores über die Zeit, während differentielle Veränderungen zwischen den Gruppen nicht nachweisbar waren.

Im folgenden wird der Depressionsverlauf (T2-T3) beider Gruppen unter Berücksichtigung der kategorialen PSE-Querschnitts- und Intervalldiagnostik untersucht. Für die Definition von Rückfallpatienten wird, wie in den Analysen zu den Kursteilnehmern der Studienphase 2 und deren Kontrollen, zwischen weiter und strenger Rückfalldefinition unterschieden:

1. *Weite Rückfalldefinition.* Diese beinhaltet Patienten, die zum Meßzeitpunkt T2 (vor Kursbeginn) remittiert waren, zwischen T2 und T3 jedoch zu irgend einem Zeitpunkt einen Rückfall in die depressive Episode von mindestens zweiwöchiger Dauer erlebt hatten. Dieser Rückfall war entweder im T3-Querschnittsbefund nachweisbar (d.h. Schwere- und Dauerkriterien waren erfüllt) oder aber der Patient gab zu T3 retrospektiv eine oder mehrere abgeschlossene Intervallepisoden mit mindestens zweiwöchiger Dauer an. Diese Intervallepisoden wurden als Rückfall gewertet, unabhängig davon, ob sie in eine stationäre Aufnahme eingemündet hatten oder nicht.
2. *Strenge Rückfalldefinition.* Bei der Definition eines Rückfalls werden hier nur T3-Querschnittsdiagnosen einer depressiven Episode sowie solche Intervallepisoden berücksichtigt, die im T2-T3-Intervall zu einer stationären Aufnahme geführt hatten. Nicht stationär behandelte Intervallepisoden sind dagegen nicht eingeschlossen.

Die Definition depressiver Nichtremissionen erfolgt ebenso analog zu der bei Kursteilnehmern aus Studienphase 2 und deren Kontrollen vorgenommenen Definition. Ein Patient wird demnach als remittiert betrachtet, wenn er im Querschnittsbefund T3 nicht die Syndrom- und Dauerkriterien einer depressiven Episode erfüllt und sich desweiteren im Halb-Jahres-Zeitraum vor T3 nicht in stationärer Behandlung befand.

Die Ergebnisse dieser Analysen sind in Tabelle 37 aufgelistet. Wie daraus hervorgeht, unterscheiden sich die beiden Gruppen nicht hinsichtlich der Anteile von Patienten, die im T2-T3-Intervall einen Rückfall in die depressive Episode erlebt hatten. Sowohl bei weiter als auch bei strenger Rückfall-Definition (letztere halbiert in etwa die Anteile von Patienten mit Rückfall) finden sich keine betragsmäßig bedeutsamen oder statistisch signifikanten Häufigkeitsunterschiede zwischen den Vergleichsgruppen.

Innerhalb der Subgruppe *nichtremittierter* Patienten zu Kursbeginn resultiert eine etwas bessere Remissionsprognose für die Gruppe der Kursteilnehmer. 75% dieser Gruppe war zum Zeitpunkt T3 soweit symptomfrei, daß Schwere- und

Tabelle 37:
Symptomverläufe von Kursteilnehmern (Studienphase 1)[1] und Vergleichsgruppe im Intervall T2 - T3

Variable	Kursteilnehmer		Vergleichsgruppe		χ^2	(*df*)	*p*
	n/*N*	%	*n*/*N*	%			
Remittierte Patienten vor Kursbeginn (T2)							
% Rückfälle bis T3							
- weite Definition[2]	11/24	45.8%	10/27	37.0%	0.41	(1)	-
- strenge Definition[2]	5/24	20.8%	6/27	22.2%	0.01	(1)	-
Nichtremittierte Patienten vor Kursbeginn (T2)							
- % Remissionen T3	12/16	75.0%	5/12	41.7%	3.19	(1)	<.08

[1] Kursteilnahme nach T2, T3 = 1 Jahr nach Kursende. [2] Erläuterung siehe Text.

Dauerkriterien einer depressiven Episode nicht erfüllt waren und keine stationäre Aufnahme im Halb-Jahres-Zeitraum vor T3 stattgefunden hatte. In der Vergleichsgruppe betrug der Anteil remittierter Patienten nur 41.7%. Dieser Häufigkeitsunterschied trennt die beiden Gruppen, bedingt durch die kleinen Stichprobengrößen, jedoch nur mit statistischer Tendenz (p <.08).

Insgesamt bleibt festzuhalten, daß für die Kursteilnehmer der Studienphase 1 kein prophylaktischer Langzeiteffekt des Gruppenprogramms im Sinne einer Rückfallprävention zu verzeichnen war. Initial nichtdepressive Kursteilnehmer und Vergleichsgruppe wiesen im 1.5-Jahres-Intervall von Kursbeginn bis zum Langzeit-Follow-Up einen ähnlich ungünstigen Verlauf auf, insbesondere, wenn stationär behandelte und unbehandelte Intervallepisoden berücksichtigt werden. Auch der klinische Querschnittsbefund zum Follow-Up (T3) differiert nicht zwischen Kurs- und Vergleichsgruppe. Ein schwacher Effekt zeigt sich jedoch im Hinblick auf die Remissionsrate initial depressiver Kursteilnehmer und Kontrollen zum Follow-Up, der in dieser Subgruppe für einen tendenziell günstigeren Depressionsverlauf der Kursteilnehmer spricht.

5 ZUSAMMENFASSUNG UND SCHLUSSFOLGERUNGEN

In unserer Studie untersuchten wir Effektivität und Erfolgsprädiktoren einer kognitiv-verhaltenstherapeutischen Gruppenintervention („Coping with Depression Course“, Lewinsohn et al., 1984) in der ambulant-psychiatrischen Nachsorge depressiver Patienten. Im Rahmen einer übergeordneten Verlaufsstudie wurden Patienten, die wegen einer unipolar depressiver Erkrankung stationär am Zentralinstitut für Seelische Gesundheit, Mannheim, behandelt worden waren, einen, sieben und 24 Monate nach Entlassung im Rahmen ausführlicher klinischer und sozialpsychologischer Interviews befragt. Die daran gekoppelte Interventionsstudie war in zwei Studienphasen unterteilt. In der ersten Studienphase erhielten Patienten zum Meßzeitpunkt sieben Monate nach Entlassung ein Angebot zur Gruppenintervention, in der zweiten Studienphase einen Monat nach Entlassung. Die Kursteilnehmer der zweiten Studienphase absolvierten das Gruppenprogramm zwischen den Meßzeitpunkten einen und sieben Monate nach Entlassung, für diese Subgruppe ließen sich somit sowohl kurzfristige Effekte der Intervention bis zum Kurzzeit-Follow-Up nach Kursende (Meßzeitpunkt sieben Monate nach Entlassung) als auch längerfristige Effekte nach Abschluß der Intervention (Meßzeitpunkt 24 Monate nach Entlassung) überprüfen. Parallel zu den beiden ehemals stationär rekrutierten Patientengruppen wurden auch unipolar depressive Patienten der psychiatrischen Ambulanz in die Gruppenintervention aufgenommen.

Eine Besonderheit unserer Studie ist darin zu sehen, daß Patienten ungeachtet ihrer Depressionsausprägung zum Zeitpunkt der Kursrekrutierung ein Angebot zur Teilnahme an der Intervention gemacht wurde. Sowohl Patienten, die aktuell die Kriterien einer depressiven Episode erfüllten, als auch solche, die zu diesem Zeitpunkt mehr oder weniger gut remittiert waren, wurden zur Intervention zugelassen. Die getrennte Analyse der Depressionsverläufe beider Subgruppen ermöglichte damit die Überprüfung der Effektivität des Gruppenprogramms hinsichtlich einer Rückfall- *und* Chronifizierungsprophylaxe depressiver Episoden. Darüber hinaus spiegelt die vorliegende Heterogenität der Kursteilnehmer hinsichtlich des depressiven Symptomstatus zu Kursbeginn auch realistischerweise die Bedingungen wider, die in der ambulant-psychiatrischen Nachsorge depressiver Patienten zu finden sind.

Ein ursprünglich intendierter Zeitkontrollgruppenplan war wegen des beträchtlichen Anteils an Patienten, die aus verschiedenen Gründen nicht kursgeeignet waren (ambulante Einzelpsychotherapie, Schichtarbeit, Entfernung; insgesamt 34.4%) oder das Kursangebot ablehnten (51% der Kursgeeigneten), nicht realisierbar. Dieses Problem wurde bereits frühzeitig in der ersten Studienphase evident, und das Studiendesign wurde in Abstimmung mit dem BMFT dahingehend geändert, daß allen konsekutiv in die Verlaufsstudie aufgenommenen und kursgeeigneten Patienten ein Angebot zur Teilnahme an der Intervention gemacht wurde. Dadurch, daß mit *allen* Patienten der Verlaufsstudie - unabhängig von einer Teilnahme am Kursprogramm - nachstationäre Baselineerhebungen und Katamnesen durchgeführt wurden, konnten jedoch differenzierte Aussagen über patientenbezogene Merkmale der Akzeptanz eines solchen Programms gemacht werden. Im Rahmen eines matched-pair Ansatzes konnten dadurch auch die Depressionsverläufe von Kursteilnehmern mit denen von Nichtteilnehmern verglichen werden, die bezüglich bestimmter verlaufsrelevanter Eingangsmerkmale vergleichbar waren.

Die ca. 50%ige Verweigerungsrate von Patienten, die für die Intervention geeignet waren, sowie der Anteil von 21% Kursbeginnern, die den Kurs vorzeitig abbrachen, läßt sich nicht ohne weiteres mit diesbezüglichen Raten aus anderen Interventionsstudien vergleichen. Zunächst ist anzumerken, daß es sich bei den Kursteilnehmern der vorliegenden Studie um eine *fremdrekrutierte* Klientel handelte. Dagegen wurden in den Untersuchungen der Arbeitsgruppe um Lewinsohn zum vorliegenden Kursprogramm Patienten i.d.R. durch öffentliche Medien angeworben, die damit erst bei entsprechendem Interesse mit der jeweiligen Studie in Kontakt traten. Mit einem solchen Ansatz können jedoch keine Aussagen zu Verweigerungsraten bzw. zur Akzeptanz der Intervention getroffen werden. Der Rekrutierungsmodus der vorliegende Studie weicht auch von dem üblicher Therapiestudien ab, in denen Patienten aufgrund einer zumindest subjektiv behandlungsbedürftigen Störung selbst um Therapie nachsuchen.

Ein weiterer Punkt, der insbesondere bei der Planung *präventiver* Studien zu berücksichtigen ist, bezieht sich auf die eingeschränkte Therapiemotivation teil- oder vollremittierter Patienten. Hier ist aufgrund des aktuell fehlenden oder eingeschränkten Leidensdrucks a priori von einer erhöhten Ablehnungsrate auszugehen, die bei der Schätzung des Probandenaufkommens für solche Interventionen einzuplanen ist (vgl. hierzu auch Munoz, 1987, Munoz et al., 1993, Mrazek & Haggerty, 1994).

Da auch Patienten an der Verlaufsstudie teilnahmen, die sich zum Zeitpunkt der Kursrekrutierung in *ambulanter Einzelpsychotherapie* befanden, konnten diese hinsichtlich verschiedener Eingangsmerkmale mit den Kursakzeptanten verglichen werden. Ein wesentliches Ergebnis dieses Vergleichs war, daß unsere Kursakzeptanten ein höheres Durchschnittsalter und eine schlechtere Schulbildung aufwiesen als Patienten in Einzelpsychotherapie. Bezüglich der klinischen Querschnittsymptomatik zum Zeitpunkt der Kursrekrutierung fand sich in beiden Gruppen ein vergleichbares Ausmaß an depressiver Symptomatik, während die nachstationäre Rückfallrate vor Kursbeginn bei den Kurs-Akzeptanten deutlich höher war als bei den Einzelpsychotherapie-Patienten.

Faßt man diese Ergebnisse zusammen, so ergeben sich zumindest Hinweise auf eine gewisse soziodemographische Selektion bei der Inanspruchnahme *regulärer* psychotherapeutischer Behandlungsangebote. Möglicherweise wurden vor allem solche Patienten von unserem Kursangebot angesprochen, die aufgrund nachteiliger Bedingungen wie höheres Alter und schlechtere Schulbildung nicht in Einzeltherapie gelangten oder eine solche nicht nutzten, die jedoch, gemessen an der klinischen Symptomatik, eine vergleichbare Behandlungsbedürftigkeit aufwiesen wie die Patienten, die eine Einzeltherapie aufgenommen hatten. In diese Richtung gehen auch Befunde verschiedener Übersichtsarbeiten (vgl. Garfield, 1977, Lambert & Asay, 1984), wonach insbesondere junge Patienten mit höherem Bildungsniveau in reguläre psychotherapeutische Behandlungen vermittelt werden. In der vorliegenden Studie wurde weiterhin festgestellt, daß die Nichtinanspruchnahme psychotherapeutischer Versorgung bei den Kurs-Akzeptanten nicht durch eine häufigere antidepressive Medikation kompensiert war: Der Anteil aktuell antidepressiv behandelter Patienten war bei den Einzelpsychotherapie-Patienten betragsmäßig, wenn auch statistisch nicht signifikant, höher als bei den Kurs-Akzeptanten.

Gegenüber den *Kursverweigerern* wiesen die Kurs-Akzeptanten vergleichbare Verteilungen relevanter soziodemographischer Merkmale auf. Dagegen waren sie im Hinblick auf die klinische Symptomatik zum Zeitpunkt der Kursrekrutierung wesentlich beeinträchtigter: Sowohl die quantitativen Beeinträchtigungsscores wie auch die Fallanteile depressiver Episoden differierten deutlich zwischen beiden Gruppen. So erfüllte ein mehr als doppelt so hoher Prozentsatz von Kurs-Akzeptanten aktuell die Kriterien einer Major Depression. Auch der nachstationäre Depressionsverlauf vor Kursbeginn war in dieser Gruppe wesentlich ungünstiger, was sich in höheren Rückfall- und Nichtremissionsraten bis zum Zeitpunkt der Kursrekrutierung widerspiegelte. Nach diesen Ergebnissen findet die oben angeführte Annahme Bestätigung, wonach relativ symptomfreie Patienten weniger motiviert sind, an einem solchen Programm teilzunehmen, als Patienten mit ausgeprägter (sub-)klinischer Residualsymptomatik und/oder prognostisch ungünstigem Vorverlauf der depressiven Erkrankung.

Während sich die beiden Gruppen hinsichtlich klinischer Parameter vor Kursbeginn also deutlich unterschieden, waren in den untersuchten Persönlichkeits- und psychosozialen Variablen nur wenige Unterschiede eruierbar. Kurs-Akzeptanten schätzten sich in hypothetischen Konfliktsituationen tendenziell passiver ein als Kursverweigerer, gleichzeitig schilderten sie ein höheres Ausmaß an Abhängigkeit von sozialen Beziehungen. Im Hinblick auf das soziale Unterstützungsnetzwerk nannten sie, ähnlich wie die Psychotherapiepatienten, gegenüber den Kursverweigerern eine größere Anzahl von Unterstützungspersonen aus dem nichtfamiliären Netzwerk, die sich bei der Betrachtung funktionaler Einzelparameter vor allem auf eine größere Anzahl von Freunden und Bekannten zurückführen ließ, die psychologische Unterstützung in Krisensituationen leisten. Insgesamt zeigten sich die Kurs-Akzeptanten jedoch unzufriedener mit dem Ausmaß erhaltener Unterstützung als Kursverweigerer und Patienten in Einzeltherapie.

Die hier beschriebenen Ergebnisse zu Persönlichkeitsmerkmalen und Charakteristika wahrgenommener sozialer Unterstützung geben Hinweise auf eine gewisse selektive Inanspruchnahme des Kursangebots durch Patienten, die durch eine verstärkte interpersonelle Abhängigkeit gekennzeichnet sind (vgl. Beck, 1983, Hirschfeld et al., 1984, Hammen et al., 1985, Nietzel & Harris, 1990). Für diese Patienten mag das angebotene Gruppenformat in besonderem Ausmaß kongruent mit der psychosozialen Bedürfnisstruktur und der Erfahrung sozialer Unterstützung in emotionalen Krisensituationen, insbesondere durch das nichtfamiliäre Netzwerk, gewesen sein. Die erhöhte Unzufriedenheit mit dem *Ausmaß* sozialer Unterstützung - bei insgesamt größerem Unterstützungsnetzwerk von Freunden und Bekannten im Vergleich zu Kursverweigerern - weist ebenfalls in Richtung auf eine akzentuierte interpersonelle Abhängigkeit der Kurs-Akzeptanten. Trotz des wahrgenommenen Bedürfnisses nach mehr sozialer Unterstützung suchten diese Patienten gegenüber den Vergleichsgruppen nicht in höherem Ausmaß *aktiv* Unterstützung durch andere. Dieser Befund, zusammen mit der Beobachtung einer Tendenz zu Vermeidungsstrategien in hypothetischen Konfliktsituationen, gibt Hinweise auf eine eher passive, abwartende Grundhaltung der Kurs-Akzeptanten. Gerade solche Patienten mag ein von außen angebotenes Gruppenangebot besonders angesprochen haben.

Ein Vergleich von Kurs*beendern* mit Patienten, die den Kurs vorzeitig *abbrachen*, ergab, daß die Kursabbrecher im Durchschnitt deutlich jünger waren und ein früheres Ersterkrankungsalter aufwiesen. Über das Alter als Prädiktor vorzeitigen Therapieabbruchs liegen aus der Literatur keine konsistenten Befunde vor (vgl. Baekeland & Lundwall, 1975, Garfield, 1977). Auch in der

Studie von Organista et al. (1994, vgl. Kapitel 2.3), die ebenfalls den „Coping with Depression Course“ einsetzten, waren es jedoch vor allem jüngere Patienten, die das Programm vorzeitig beendeten. Für die vorliegende Studie mag in diesem Zusammenhang eine Rolle gespielt haben, daß eine ursprünglich intendierte Homogenisierung der Interventionsgruppen hinsichtlich Alter und Lebenshintergrund aufgrund des geringen Stichprobenaufkommens und des engen Zeitrahmens nicht realisierbar war. Da das Durchschnittsalter der Kursteilnehmer relativ hoch lag, wäre eine mögliche Erklärung, daß hier ein selektiver Drop-Out jüngerer Patienten aufgrund mangelnder Identifikationsmöglichkeiten mit der Gruppe stattgefunden hatte. Zum anderen weisen bereits Bakeland & Lundwall (1975) darauf hin, daß bei jüngeren Patienten von einer größeren geographischen und beruflichen Mobilität auszugehen ist, die die Autoren als eine mögliche Ursache für deren erhöhte Drop-Out-Raten sehen. Auch in der vorliegenden Studie brachen zwei jüngere Patienten wegen Umzugs bzw. beruflicher Veränderung den Kurs vorzeitig ab.

Kursbeender und Kursabbrecher unterschieden sich dagegen nicht hinsichtlich des Ausmaßes klinischer Symptomatik zum Zeitpunkt der Kursrekrutierung bzw. zu Kursbeginn. Auch der bisherige Depressionsverlauf vor Kursbeginn differierte nicht zwischen späteren Kursbeendern und Kursabbrechern. Ebenso waren Ausmaß dysfunktionaler Attituden und Anhedonie in beiden Gruppen vergleichbar. Diese Ergebnisse legen nahe, daß zumindest nicht von einem selektiven Drop-Out klinisch beeinträchtigterer Patienten auszugehen.

Aus den Analysen ging weiterhin hervor, daß vor allem Patienten mit psychiatrischer Komorbiditätsdiagnose den Kurs vorzeitig abbrachen. Auf die Problematik disproportional hoher Drop-Outs von Patienten mit komorbiden Störungen weisen auch Persons et al. (1988) hin. Als Interpretation bietet sich an, daß solche Patienten möglicherweise weniger motiviert sind, kontinuierlich an einem strukturierten Programm zu teilzunehmen, welches mehr oder weniger ausschließlich auf depressives Verhalten und depressive Kognitionen fokussiert.

Zusammenfassend läßt sich als bedeutsamster Befund der durchgeführten *Akzeptanzanalysen* werten, daß Patienten, die sich entschlossen, am Kursprogramm teilzunehmen, im klinischen Querschnitts- und Verlaufsbefund vor Kursbeginn deutlich beeinträchtigter waren als Patienten, die das Kursangebot ablehnten. Aufgrund des nichtrandomisierten Designs fand hier eine gewisse Selbstselektion statt, indem insbesondere solche Patienten zur Teilnahme motiviert waren, die eine Hochrisikogruppe für depressive Rückfälle und Chronifizierungen darstellten. Für die Prüfung sekundär- und tertiärprophylaktischer Effekte der Intervention stellt sich dies zum einen als Vorteil dar, da bei gegebenem Stichprobenumfang nur bei erhöhter Grundwahrscheinlichkeit der in Frage stehenden Ereignisse (hier „Rückfall“ und „Nichtremission“) potentielle Effekte statistisch überhaupt zu identifizieren sind (vgl. Munoz, 1987). Zum anderen ist hieraus jedoch abzuleiten, daß zur Untersuchung der Effektivität des Programms sich unspezifische Verlaufs- und Outcome-Vergleiche zwischen Kursteilnehmern und Nichtteilnehmern verboten, da die Kursteilnehmer bereits *vor Kursbeginn* hinsichtlich depressionsverlaufs-relevanter Merkmale benachteiligt waren.

Insgesamt 71 Patienten (39 aus Studienphase 1 mit Kursbeginn sieben Monate nach Entlassung, 32 aus Studienphase 2 mit Kursbeginn vier Wochen nach Entlassung) beendeten das Kursprogramm regulär. Die Analysen symptom-relevanter Parameter (Depressivität, Dysfunktionale Attituden und hedonische Aktivität) ergaben, daß in der Gesamtgruppe von Kursbeginn bis Kursende in allen untersuchten Bereichen statistisch signifikante bis hochsignifikante durchschnittliche Veränderungen in die zu erwartende Richtung stattfanden. Die Aufsplittung der Gesamtgruppe in remittierte und nichtremittierte Patienten zu Kursbeginn (MDE nach DSM-III-R, APA, 1987) zeigte, daß beide Gruppen hinsichtlich der Reduktion depressiver Symptomatik profitieren konnten. Die deutlichste Reduktion der Depressionswerte fand erwartungsgemäß bei den Patienten mit depressivem Status zu Kursbeginn statt, jedoch war auch in der Gruppe nichtdepressiver Kursbeginner eine Verbesserung der subklinisch ausgeprägten Depressivität festzustellen. Bezogen auf die Veränderung des Ausmaßes dysfunktionaler Attituden war der stärkste Effekt nicht bei den initial depressiven, sondern bei den initial nichtdepressiven Teilnehmern feststellbar. Dies könnte bedeuten, daß die auf zwei Doppelstunden befristete Bearbeitung unangemessener negativer Kognitionen, die einen Baustein des Kursprogramms darstellte, bei schwer depressiven Patienten nicht ausreicht, um deutliche Effekte auf die Veränderung dysfunktionaler Attituden zu erzielen.

Die Beobachtung insgesamt schwächerer Veränderungseffekte bei den kognitiven (DAS) und verhaltensorientierten (TAF) Outcomevariablen im Vergleich zur depressiven Symptomatik (IDD) deckt sich mit den Befunden von Robinson et al. (1990), die im Rahmen ihrer Meta-Analyse zur Effektivität von Psychotherapie bei Depressionen zu dem Schluß kommen, daß grundsätzlich höhere Effektstärken für die Ziel- oder Kernvariable Depression zu erwarten sind als für Outcome-Maße, die depressionsbegleitende Konstrukte erfassen.

Die mit der Studienphase 2 verbundene Designänderung erlaubte es, für die Kursteilnehmer dieser Studienphase vergleichende Analysen mit einer Vergleichsgruppe von Nichtkursteilnehmern aus der Verlaufsstudie zum

Kurzzeit-Verlauf unter Behandlung durchzuführen. Zu dem hier praktizierten Vorgehen (matched-pair-Design) ist anzumerken, daß die gleichzeitige Berücksichtigung von vier Pretest-Parallelisierungsmerkmalen nur dadurch möglich war, daß die Kontrollpersonen aus einem relativ großen Kontingent potentieller Vergleichspersonen gezogen werden konnten. Zwar kann im Rahmen des vorliegenden quasiexperimentellen Designs der Einfluß potentieller Drittvariablen auf den Depressionsverlauf von Kursteilnehmern und Kontrollpersonen nicht grundsätzlich ausgeschlossen werden, der hier verfolgte Parallelisierungsansatz ermöglicht es jedoch zumindest, den Einfluß von Haupt- *und* Interaktionseffekten der berücksichtigten Eingangsmerkmale auf den Depressionsverlauf von Pre- nach Posttest zwischen den Vergleichsgruppen konstant zu halten.

Die Ergebnisse zum Kurzzeitverlauf von Kursteilnehmern und Vergleichsgruppe legen nahe, daß Kursteilnehmer, die zu Kursbeginn relativ symptomfrei waren (d.h. nicht die Kriterien einer Typisch Depressiven Episode erfüllten), über die sechsmonatige Phase zwischen Pre- und Posttest durch die Kursteilnahme vor einem Rückfall in die depressive Episode „geschützt" wurden. Die Rückfallquote initial nichtdepressiver Patienten war in der Vergleichsgruppe über dieses Intervall um das ca. Dreifache erhöht. Weniger eindeutige Aussagen zur Kurzzeiteffektivität des Kursprogramms können zur Gruppe initial depressiver Kursteilnehmer und Kontrollen gemacht werden. Die Remissionsraten beider Gruppen zum Kurzzeit-Follow-Up nach Kursende waren nicht signifikant verschieden. Dieser Befund muß allerdings an den insgesamt kleinen Gruppengrößen von Patienten mit aktueller Depressionsdiagnose zu Kursbeginn relativiert werden.

Bei der Untersuchung von *Prädiktoren des Kurserfolgs* waren neben Haupteffekten unabhängiger Variablen auch deren potentielle Interaktionen mit der Eingangsdepressivität zu berücksichtigen, da aus Studien zum natürlichen Verlauf depressiver Erkrankungen in der Regel unterschiedliche Rückfall- und Remissionsprädiktoren resultieren (vgl. Angst, 1988, Belsher & Costello, 1988, Alexopoulos et al., 1989, Keller et al., 1992, Kühner, 1994). Insgesamt bleibt festzuhalten, daß für die Gesamtgruppe der Kursteilnehmer aus der Reihe untersuchter Variablen der Bereiche Soziodemographie, Klinische Vorgeschichte und Querschnittssymptomatik vor Kursbeginn sowie Coping, psychosoziale Bedingungen, kritische Lebensereignisse und Soziale Unterstützung nach statistischer Kontrolle der Eingangsdepressivität nur wenige Variablen bedeutsame Zusammenhänge mit der Depressivität bei Kursende aufwiesen. In diesem Zusammenhang ist zunächst wiederum zu berücksichtigen, daß die Kursteilnehmer bezüglich der Pretest-Depressivität eine heterogene

Gruppe darstellten. Für solche Stichproben kann a priori eine höhere Stabilität der Depressionswerte erwartet werden als für eine im oberen Depressionsbereich homogenisierte Ausgangsstichprobe depressiver Patienten, welche i.d.R. eine ausgeprägtere Veränderungsvariabilität nach erfolgter Therapie aufweist. Die hohe Stabilität der Depressionswerte von Kursbeginn nach Kursende limitiert jedoch den potentiellen Range der Vorhersagefähigkeit weiterer unabhängiger Variablen.

In einer multifaktoriellen Analyse zur Vorhersage des Kurserfolgs wurden die Variablen Depressivität zu Kursbeginn, Ängstlichkeit, Kontaktfrequenz mit Bekannten sowie ein negatives Appraisal hypothetischer Problemsituationen als relevante Prognosemerkmale für die Gesamtgruppe identifiziert. Die Beobachtung, daß eine *erhöhte Depressivität* zu Kursbeginn höhere Depressionswerte zu Kursende vorhersagt, ist sowohl aus Untersuchungen zum vorliegenden Kursprogramm selbst (vgl. zsf. Lewinsohn et al., 1989) als auch aus einer Vielzahl weiterer Therapiestudien bekannt (z.B. Thase, 1990). Dagegen wurde dem Aspekt der *Ängstlichkeit* als Prädiktor des Therapieerfolgs bisher so gut wie keine Beachtung geschenkt. Während die hohe Koinzidenz von Angst und Depression in depressiven Behandlungsstichproben durch eine Vielzahl von Studien belegt ist (vgl. Sanderson et al., 1990, Garvey et al., 1991), sehen verschiedene Autoren Angst im Kontext der Depression lediglich als untergeordnetes Begleitphänomen, das mit der Schwere der Depressivität variiert (z.B. Zung et al., 1990). In der vorliegenden Studie war der Einfluß konkurrenter Depressivität zu Kursbeginn statistisch jedoch kontrolliert, so daß hier der bereinigte Netto-Effekt der Ängstlichkeit auf den Therapieoutcome erfaßt wurde. In den Arbeiten der Arbeitsgruppe um Lewinsohn (zsf. Lewinsohn et al., 1989) fand dieses Merkmal in Prognoseanalysen keine Berücksichtigung, lediglich Brown & Lewinsohn (1984a) weisen darauf hin, daß sozial ängstliche Patienten möglicherweise besser vom Kursprogramm im Einzelsetting profitieren. Für die praktische Umsetzung des Programms mag dies auch implizieren, mit ängstlichen Patienten im Vorgespräch eingehend auf Befürchtungen einzugehen, die den sozialen Kontext der Gruppe betreffen, und diese Patienten im Kursverlauf besonders aktiv zu ermutigen und zu unterstützen, sich an der Gruppenarbeit zu beteiligen.

Als weiteres relevantes Prognosemerkmal wurde die *Häufigkeit der Kontakte mit Freunden und Bekannten* identifiziert. Eine höhere Kontaktfrequenz vor Kursbeginn war mit einem besseren Outcome zu Therapieende assoziiert. Auch andere Autoren fanden einen Zusammenhang zwischen sozialer Interaktion und Therapieerfolg (vgl. z.B. McLean & Hakstian, 1979). In der Regel wurden in diesen Studien jedoch globale Maße der Wahrnehmung sozialer Unterstützung eingesetzt. So fanden Teri & Lewinsohn (1986) in einer Untersuchung zum vorliegenden Kursprogramm, daß sich das Ausmaß erlebter sozialer Unterstützung durch Freunde und Bekannte positiv auf den Therapieerfolg auswirkte. Im Rahmen der vorliegenden Studie wurde jedoch bei einer differenzierteren Betrachtung verschiedener Neztzwerkparameter festgestellt, daß weder die allgemeine Netzwerkgröße noch die Zufriedenheit mit der wahrgenommenen Unterstützung durch Freunde und Bekannte prädiktiv für den Therapieerfolg in der Gesamtgruppe waren. Vielmehr deutet sich an, daß eine günstige Voraussetzung für eine erfolgreiche Kursteilnahme vorliegt, wenn bereits vor Kursbeginn eine Mindestmaß an Nutzung sozialer Ressoucen außerhalb des familiären und verwandschaftlichen Settings gegeben ist, die es den Teilnehmern erleichtern mag, die im Kurs zu trainierenden sozialen Aktivitäten im Alltag umzusetzen.

Ein weiterer Prädiktor des Therapieerfolgs war die *Bewertung potentieller Problemsituationen* vor Kursbeginn. Patienten, die solche hypothetischen Situationen als wenig kontrollierbar und wandelbar und als stark belastend wahrnehmen, profitieren weniger vom Kursprogramm. Diese von Folkman & Lazarus (1986) als „appraisal" bezeichnete Coping-Komponente wird in der Literatur hauptsächlich als querschnittlicher Konkomitant der Depression betrachtet (vgl. Folkman et al., 1986), während ihre prädiktive Funktion auf den Depressionsverlauf, z.B. von Parker & Brown (1982), eher bestritten wird (siehe dazu jedoch Stone, 1983). In der vorliegenden Studie zeigte sich, daß auch bei statistischer Kontrolle der Eingangsdepressivität ein negatives appraisal sich ungünstig auf den Therapieoutcome auswirkte. Die Wahrnehmung fehlender Beeinflußbarkeit von Problemsituationen und von hoher Belastung in solchen Situationen mag eine generelle Hilflosigkeitskomponente widerspiegeln, die sich auch negativ auf eine aktive Umsetzung der im Kurs vermittelten Bewältigungsstrategien auswirkt.

Neben den hier eruierten Prädiktoren des Therapieerfolgs für die Gesamtgruppe der Kursteilnehmer wurden einige wenige Merkmale identifiziert, die nur für eine der beiden Subgruppen mit unterschiedlichem Diagnosestatus zu Kursbeginn von Relevanz sind. So war in der Gruppe von Patienten, die zu Kursbeginn remittiert waren, ein negativer Zusammenhang zwischen Schulbildungsniveau und Depressivität bei Kursende festzustellen. Innerhalb dieser Subgruppe wiesen Patienten mit niedrigerer Schulbildung höhere Depressionswerte zu Kursende auf. Der Zusammenhang zwischen Schulbildung und Therapieerfolg wurde in den hierzu vorliegenden Untersuchungen der Arbeitsgruppe um Lewinsohn (Steinmetz et al., 1983, Brown & Lewinsohn, 1984a, Teri & Lewinsohn, 1986) nicht explizit untersucht, die vorliegenden

Ergebnisse geben jedoch Hinweise darauf, daß Patienten mit schlechterer Schulbildung hinsichtlich der Stabilisierung der Depressivität auf niedrigem Niveau weniger vom Kurs profitieren als Patienten mit höherer Schulbildung.

Ein weiteres Merkmal, das in der Gruppe initial remittierter Patienten mit dem Therapie-Outcome assoziiert war, war die *Anzahl chronischer Belastungen*, die nicht im direkten Zusammenhang mit der depressiven Störung selbst standen. Hier zeigte sich, daß Patienten, die im Halb-Jahres-Zeitraum vor Kursbeginn eine größere Anzahl solcher Belastungen aufwiesen, einen besseren Outcome hatten als Patienten mit weniger Belastungen. Während aus den Ergebnissen zur Remission depressiver Episoden ein umgekehrter Zusammenhang prognostiziert wird (Brown et al., 1988), beschränkt sich der vorliegende Befund auf Patienten, die den Kurs relativ symptomfrei starteten. Der positive Zusammenhang zwischen der Anzahl an chronischen Belastungen und günstigem Therapieausgang in dieser Gruppe ist möglicherweise Ausdruck dafür, daß Patienten, die eine höhere Anzahl solcher, auch selbstgewählter, Belastungen (wie die Pflege von Familienangehörigen etc.) nennen, mehr Lebensbereiche aktiv beeinflußen und mehr Rollenbereiche einnehmen, was eine günstige Voraussetzung für die Umsetzung der im Kurs vermittelten Fertigkeiten darstellen mag. Dies trifft jedoch nur zu, wenn gleichzeitig die depressive Symptomatik zu Kursbeginn nicht stark ausgeprägt ist.

Bei der Interpretation der Ergebnisse zur Effektivität des Kursprogramms bezüglich des *längerfristigen* Depressionsverlaufs ist zunächst der deutliche Stichprobenschwund von Nichtkursteilnehmern zum Langzeit-Follow-Up zu berücksichtigen, der jedoch fast ausschließlich auf Patienten der Studienphase 1 beschränkt war. Auf die diesbezüglichen Probleme wurde in Kapitel 4.5.1 eingegangen. Dieser überproportionale Drop-Out limitiert die Aussagefähigkeit der Ergebnisse vergleichender Analysen. Vor dem Hintergrund dieser Einschränkungen läßt sich bezüglich der Langzeitverläufe der Patienten folgendes festhalten:

Die Gesamtgruppe der *Kursteilnehmer aus Studienphase 2*, über die sowohl Ergebnisse zum Kurzzeitverlauf unter Behandlung als auch zum 1.5-Jahres-Intervall nach Behandlung vorliegen, wiesen im reinen Querschnittsbefund zum Langzeit-Follow-Up einen etwas günstigeren Symptom-Outcome auf als ihre Vergleichsgruppe. Diese Überlegenheit zeigte sich in der überwiegenden Zahl quantitativen Symptomskalen jedoch nur mit statistischer Tendenz, und bezüglich der subjektiven Depressivität waren keine statistisch bedeutsamen Unterschiede zwischen den Gruppen eruierbar. Der Anteil an Patienten, die aktuell zum Langzeit-Follow-Up die Kriterien einer Typisch Depressiven

Episode nach DSM-III-R erfüllten, war in der ehemaligen Kursgruppe dagegen signifikant reduziert (6.7% gegenüber 26.7% in der Vergleichsgruppe). Die Unterschiede bezüglich der Behandlungsdaten im Intervall waren zwischen beiden Gruppen gering. Die Kursteilnehmer hatten eine etwas niedrigere Frequenz nervenärztlicher Behandlungen, dagegen war der Anteil stationärer Aufnahmen im Nachbehandlungsintervall zwischen beiden Gruppen vergleichbar.

Bei einer Aufsplittung nach Risikogruppen für Rückfälle und Nichtremissionen, die neben der reinen Querschnittsbetrachtung auch Intervallinformationen berücksichtigte, ergaben sich folgende Ergebnisse. In der heterogenen Ausgangsgruppe von Patienten, die zum Kurzzeit-Follow-Up nach Kursende remittiert waren, wurde bei liberaler Rückfalldefinition (unter Einschluß retrospektiv erhobener Intervalldiagnosen, die nicht zu einer stationären Aufnahme geführt hatten) eine betragsmäßig höhere, statistisch jedoch nicht signifikant abweichende Rückfallrate der Kursteilnehmer identifiziert. Bei strenger Rückfalldefinition war der Anteil von Rückfällen im Nachbehandlungsintervall dagegen annähernd identisch. Dies bedeutet, daß für remittierte Kursteilnehmer zu Kursende im Zeitraum *nach* aktiver Intervention keine prophylaktischen Effekte des Kursprogramms nachweisbar waren. Eine Analyse von Kursteilnehmern und Vergleichspatienten, die über das gesamte aktive Behandlungsintervall (T1-T2) remittiert blieben, machte deutlich, daß die zahlenmäßig geringere Vergleichsgruppe bei liberaler Rückfalldefinition einen etwas günstigeren Verlauf im Nachbehandlungsintervall aufwies, der Unterschied war jedoch statistisch nicht signifikant. Dies kann dadurch erklärt werden, daß die Kursteilnehmer im aktiven Behandlungsintervall zwar vor einem Rückfall geschützt waren, ein beträchtlicher Teil dieser Patienten jedoch im Nachbehandlungsintervall einen Rückfall in eine depressive Episode erlitt. Unter Anwendung des strengen Rückfallkriteriums waren die Anteile an Rückfällen in beiden Gruppen vergleichbar. Die Berücksichtigung der Gesamtbilanz an Rückfällen (T1 bis einschließlich T3) ergab schließlich, daß die Kursteilnehmer bei liberaler Rückfalldefinition eine insgesamt etwas niedrigere Rückfallrate aufwiesen als die Vergleichsgruppe. Bei strenger Rückfalldefinition, die nur solche Intervalldiagnosen mitberücksichtigte, die zu stationären Aufnahmen geführt hatten, wird dieser Unterschied deutlicher: im Vergleich zu den Kursteilnehmern hatten ca. doppelt so viele Patienten der Vergleichsgruppe nach diesem Kriterium einen Rückfall seit Beginn der Gruppenintervention erlitten. Dieser Unterschied wird aufgrund der geringen Teilstichprobengrößen statistisch nicht signifikant. Die Überlegenheit der Kursgruppe beschränkt sich dabei jedoch, wie oben ausgeführt, auf den Zeitraum der aktiven Intervention (weniger Rückfälle im Intervall T1-T2).

Diese Befunde erhalten Bestätigung durch die Analysen zu den *Kursteilnehmern aus Studienphase 1* und deren Vergleichsgruppe. Hier zeigte sich im Langzeitverlauf keine Überlegenheit des Kursprogramm im Hinblick auf die Rückfallprävention. Für die Kursteilnehmer aus beiden Studienphasen wird jedoch im Vergleich zur jeweiligen Kontrollgruppe ein etwas günstigerer Langzeitverlauf für diejenigen Patienten identifiziert, die den Kurs depressiv starteten. Ein etwas höherer Prozentsatz dieser Kursteilnehmer war zum Langzeit-Follow-Up remittiert und hatte sich darüber hinaus im vorausgegangenen Halb-Jahres-Zeitraum auch keiner stationären Behandlung unterzogen. Die diesbezüglichen Ausgangsstichproben beider Studienphasen sind jedoch zu klein, um daraus weitreichende Schlüsse abzuleiten.

Es sei hier darauf hingewiesen, daß die Anwendung des vorliegenden quasiexperimentellen Designs zur Untersuchung der Effektivität des Kursprogramms mit einer Reihe methodischer Interpretationsprobleme behaftet ist. So ist eine kausale Attribuierung differentieller Verläufe von Kursteilnehmern und Nichtteilnehmern auf die Gruppenintervention nicht ohne weiteres zulässig. Eine Möglichkeit, dem Aspekt der internen Validität Rechnung zu tragen, besteht darin, den Einfluß potentieller Moderatoren auf den Depressionsverlauf statistisch zu kontrollieren. Dieser Ansatz wurde mit dem vorliegenden Parallelisierungsdesign realisiert. Zusätzlich wurden im Rahmen der Kurzzeitanalysen Kursteilnehmer und Nichtteilnehmer hinsichtlich weiterer potentiell wirksamer Merkmale verglichen bzw. deren Einfluß auf den Depressionsverlauf aus den Gruppenunterschieden herauspartialisiert. Dennoch muß die interne Validität der Aussagen eines solchen Ansatzes gegenüber dem einer Randomisierungsstudie als eingeschränkt betrachtet werden. Eine echte Randomisierung war jedoch in der vorliegenden Studie aufgrund der mangelnden Patientenverfügbarkeit und der mangelnden Bereitschaft insbesondere relativ symptomfreier Patienten, an einer solchen Intervention teilzunehmen, nicht möglich. Dieses Problem fällt generell bei prophylaktischen Programmen mehr ins Gewicht, als dies bereits bei Therapiestudien mit homogenen Stichproben akut erkrankter Patienten der Fall ist (vgl. Projektträger „Forschung im Dienste der Gesundheit", 1990). Dadurch, daß mit allen Patienten der vorliegenden Verlaufsstudie nachstationäre Baseline- und Follow-Up-Erhebungen durchgeführt wurden, liefert die Studie jedoch auch wichtige Ergebnisse zu Patientenmerkmalen der Akzeptanz eines solchen Programms, die für zukünftige Studien mit ähnlichen Fragestellungen zu berücksichtigen sind. Dies mag als Vorteil gegenüber solchen Studien gewertet werden, in denen Therapieverweigerer als Drop-Outs betrachtet und nicht weiter verfolgt werden.

Vor diesem Hintergrund hat die vorliegende Studie u.E. einen wichtigen Beitrag zur initialen Evaluierung eines tertiärprophylaktischen Gruppenprogramms für depressive Patienten im Rahmen eines naturalistischen Settings geleistet. Die Anwendung wenig restriktiver Ausschlußkriterien für die Kursteilnahme und die Nichtmanipulation konkurrenter antidepressiver Medikation im Rahmen des vorliegenden Designs spiegelt die Realität der praktischen ambulant-psychiatrischen Versorgungssituation wider. Die Interventionsstudie wurde weiterhin unter Bedingungen durchgeführt, die nach den Ergebnissen verschiedener Meta-Analysen für die Größe von Therapieeffekten zwar nachteilig sind, mit denen Praktiker in der Regel jedoch ebenfalls konfrontiert sind. Diese betreffen zunächst die Fremdrekrutierung zur Kursteilnahme (vgl. Dush et al., 1983, Miller & Berman, 1983, Nietzel et al., 1987). Weiterhin ist nach Ansicht verschiedener Autoren (vgl. Free et al., 1991, Organista et al., 1994) bei nachstationären bzw. ambulanten Patienten insgesamt von einer niedrigeren Therapiemotivation auszugehen, insbesondere nach Besserung der Symptomatik, als bei Patienten, die z.B. über öffentliche Medien angesprochen werden. Auch der Einschluß von Patienten mit komorbiden Störungen ist in konventionellen Interventionsstudien häufig nicht vorgesehen, während diese Patienten in der klinischen Praxis jedoch ebenfalls zu berücksichtigen sind.

Für die Umsetzung des Gruppenprogramms in die psychiatrisch-ambulante Versorgungspraxis lassen sich nach den vorliegenden Ergebnissen folgende Aussagen treffen: In der psychiatrisch-ambulanten Nachsorge erscheint ein solches zeitlich und inhaltlich hochstrukturiertes Gruppenprogramm insbesondere geeignet für Patienten, die keine schwer ausgeprägte depressive Symptomatik aufweisen. Für diese Patienten kann das Programm im Sinne einer Rückfallprophylaxe eingesetzt werden. In der vorliegenden Studie war die Wirksamkeit des Programms jedoch vorwiegend beschränkt auf den Zeitraum, in dem die Intervention stattgefunden hatte. Darüber hinausgehende Effekte waren nur schwach ausgeprägt bzw. nicht mehr nachweisbar. Dies mag bedeuten, daß zur längerfristigen Stabilisierung der erzielten Erfolge die zeitliche Befristung des Programms auf einen Zeitraum von 16 Wochen nicht ausreichend ist. Diese Aussage findet Bestätigung durch die Untersuchung von Gonzales et al. (1985), die bei Anwendung des vorliegenden Programms eine hohe Rückfallrate (54%) im Ein-Jahres-Zeitraum nach Interventionsende ermittelten. Vor diesem Hintergrund könnte die Durchführung sogenannter Booster- oder Auffrischungssitzungen (z.B. in monatlichen Intervallen) eine wichtige und sinnvolle Ergänzung darstellen, in denen die Patienten die erworbenen Kurselemente weiter verfestigen und vor allem auch frühe Symptome eines Rückfalls identifizieren, um mit solchen Krisensituationen gezielt umgehen zu können.

6 LITERATUR

Alexopoulos GS, Young RC, Abrams RC, Meyers B, Shamoian CA (1989) Chronicity and relapse in geriatric depression. *Biological Psychiatry 26*: 551-564

American Psychiatric Association (1980) *Diagnostic and Statistical Manual of Mental Disorders (3rd ed.)*. APA, Washington DC

American Psychiatric Association (1987) *Diagnostic and Statistical Manual of Mental Disorders (3rd ed., revised)*. APA, Washington DC

American Psychiatric Association (1994) *Diagnostic and Statistical Manual of Mental Disorders (4rd ed.)*. APA, Washington DC

Aneshensel CS (1985) The natural history of depressive symptoms: Implications for psychiatric epidemiology. *Community and Mental Health 5*: 45-75

Angst J (1988) Risikofaktoren für den Verlauf affektiver Störungen. In v.Zerssen, D, Möller, HJ (Hrsg.): *Affektive Störungen*. Springer, Berlin, Heidelberg, New York, 99-109

Antonuccio DO, Lewinsohn PM, Steimetz JM (1982) Identification of therapist differences in a group treatment of depression. *Journal of Consulting and Clinical Psychology 50*: 433-435

Antonuccio DO, Akins WT, Chatham PM, Monagin JA, Tearnan BH, Ziegler BL (1984) An exploratory study: The psychoeducational group treatment of drug-refractory unipolar depression. *Journal of Behaviour Therapy and Experimental Psychiatry 15*: 309-313

Bader KH (1994) *Kognitive Verhaltenstherapie bei depressiven Patienten: Ein Gruppenkonzept für die stationäre Behandlung*. In Hautzinger M (Hrsg.) Verhaltenstherapie bei Depressionen. Röttger-Schneider Verlag, Baltmannweiler

Baekeland F, Lundwall L (1975) Dropping out of treatment. *Psychological Bulletin* 82: 738-783

Beck AT (1983) *Cognitive therapy of depression: New perspectives.* In Clayton, PJ, Barrett, JE (eds.) Treatment of depression: Old controversies and new approaches. Raven Press, New York: 265-290

Beck AT , Ward CH, Mendelson M, Mock J, Erbaugh J (1961) An inventory for measuring depression. *Archives of General Psychiatry 4:* 561-571

Belsher G, Costello CG (1988) Relapse after recovery from unipolar depression: a critical review. *Psychological Bulletin 104*: 84-96

Blackburn IM, Eunson KM, Bishop S (1986) A two-year naturalistic follow-up of depressed patients treated with cognitive therapy, pharmacotherapy and a combination of both. *Journal of Affective Disorders 10*: 67-75

Brown GW, Harris T (1978) *Social origins of depression.* Tavistock, London

Brown GW, Adler Z, Bifulco A (1988) Life events, difficulties and recovery from chronic depression. *British Journal of Psychiatry 152*: 487-498

Brown RA, Lewinsohn PM (1984a) A psychoeducational approach to the treatment of depression: Comparison of group, individual, and minimal contact procedures. *Journal of Consulting and Clinical Psychology 52*: 774-783

Brown RA, Lewinsohn PM (1984b) *Participant workbook for the coping with depression course.* Castalia Publishing Company, Eugene OR

Clarke GN, Hawkins W, Murphy M, Sheeber LB (1995) Targeted prevention of unipolar depressive disorder in an at-risk sample of high school adolescents: A randomized trial of group cognitive intervention. *Journal of the American Academy of Child and Adolscent Psychiatry 34*: 312-321

Cohen J (1977) *Statistical Power Analysis for the Behavioral Sciences.* Academic Press, New York

Cuijpers P (1998) A psychoeducational approach to the treatment of depression: A meta-analysis of Lewinsohn's „Coping with Depression" course. *Behavior Therapy 29*: 521-533.

Degkwitz R, Helmchen H, Kockott G, Mombour W (1979) *Diagnosenschlüssel und Glossar psychiatrischer Krankheiten.* Springer, Heidelberg, Berlin, New York

Dush DM, Hirt ML, Schroeder H (1983) Self-statement modification with adults: a meta-analysis. *Psychological Bulletin 94*: 408-422

Ellis A (1977) *Die rational-emotive Therapie.* Pfeiffer, München

Evans MD, Hollon SD, DeRubeis RJ, Piasecki JM, Grove WM, Garvey MJ, Tuason VB (1992) Differential relapse following cognitive therapy and pharmacotherapy for depression. *Archives of General Psychiatry 49*: 802-808

Fiedler P (1995) Psychoedukative Verhaltenstherapie in Gruppen. *Verhaltensmodifikation und Verhaltensmedizin 1*: 35-53

Fiedler P (1996) *Verhaltenstherapie in und mit Gruppen.* Psychologie Verlags Union, Weinheim

Finney JW, Mitchell RE, Cronkite RC, Moos RH (1984) Methodological issues in estimating main and interactive effects: examples from coping/social support and stress field. *Journal of Health and Social Behavior 25*: 85-98

Folkman S, Lazarus RS (1980) An analysis of coping in a middle-aged community sample. *Journal of Health and Social Behavior 21*: 219-239

Folkman S, Lazarus RS (1986) Stress processes and depressive symptomatology. *Journal of Abnormal Psychology 95*: 197-113

Folkman S, Lazarus RS, Gruen RJ, DeLongis A (1986) Appraisal, coping, health status and psychological symptoms. *Journal of Personality and Social Psychology 50*: 571-579

Frank E, Kupfer DJ, Perel JM (1989) Early recurrence in unipolar depression. *Archives of General Psychiatry 46*: 397-400

Frank E, Kupfer DJ, Perel JM, Cornes C, Jarrett DB, Mallinger AG, Thase ME, McEachran AB, Grochocinski VJ (1990) Three-year outcomes for maintenance therapies in recurrent depression. *Archives of General Psychiatry 47*: 1093-1099

Frank E, Prien RF, Jarrett RB, Keller MB, Kupfer DJ, Lavori PW, Rush AJ, Weissman MM (1991) Conceptualization and rationale for consensus definitions of terms in major depressive disorder. *Archives of General Psychiatry 48*: 851-855

Free ML, Tian PS, Sanders MR (1991) Treatment outcome of a group cognitive therapy program for depression. *International Journal of Group Psychotherapy 41*: 533-547

Garfield SL (1977) Further comments on "dropping out of treatment": A reply to Baekeland and Lundwall. *Psychological Bulletin 84*: 306-308

Garvey M, Noyes R, Anderson D, Cook B (1991) Examination of comorbid anxiety in psychiatric inpatients. *Comprehensive Psychiatry 32*: 277-283

Gonzales LR, Lewinsohn PM, Clarke GN (1985) Longitudinal follow-up of unipolar depressives: an investigation of predictors of relapse. *Journal of Consulting and Clinical Psychology 53*: 461-469

Gortner ET, Gollan JK, Dobson KS, Jacobson NS (1998) Cognitive-behavioral treatment for depression: Relapse prevention. *Journal of Consulting and Clinical Psychology 66*: 377-384

Grawe K (1992) Diskussionsforum. Psychotherapieforschung zu Beginn der neunziger Jahre. *Psychologische Rundschau 43*: 132-162

Hammen C, Marks T, deMayo R, Mayol A (1985) Self-schemas and risk for depression: A prospective study. *Journal of Personality and Social Psychology 49*: 1147-1159

Hautzinger M (1993) Kognitive Verhaltenstherapie und Pharmakotherapie bei Depressionen: Überblick und Vergleich. *Verhaltenstherapie 3*: 26-34

Hautzinger M, Luka U, Trautmann RD (1985) Skala dysfunktionaler Einstellungen - Eine deutsche Version der Dysfunctional Attitude Scale. *Diagnostica 31*: 312-323

Hautzinger M, Stark W, Treiber R (Hrsg.) (1992) *Kognitive Verhaltenstherapie bei Depression.* Psychologie Verlags Union, Weinheim

Hautzinger M, de-Jong-Meyer R, Treiber R, Rudolf GA (1996) Wirksamkeit kognitiver Verhaltenstherapie, Pharmakotherapie und deren Kombination bei nicht-endogenen, unipolaren Depressionen. *Zeitschrift für Klinische Psychologie Forschung und Praxis 25*: 130-145

Herrle J , Kühner C (1994) *Depression bewältigen. Ein kognitiv-verhaltenstherapeutisches Gruppenprogramm nach P.M. Lewinsohn.* Psychologie Verlags Union, Weinheim

Hirschfeld RMA, Klerman GL, Clayton PJ, Keller MB, Andreasen NC (1984) Personality and gender related differences in depression. *Journal of Affective Disorders 7*: 211-221

Hoberman HM, Lewinsohn PM, Tilson M (1988) Group treatment of depression. *Journal of Consulting and Clinical Psychology 56*: 393-398

Keller MB, Shapiro RW, Lavori PW, Wolfe N (1982) Relapse in major depressive disorder. *Archives of General Psychiatry 39*: 911-915

Keller MB, Lavori PW, Lewis CE, Klerman GL (1983a) Predictors of relapse in major depressive disorder. *Journal of the American Medical Association 250*: 3299-3304

Keller MB, Lavori PW, Endicott J, Coryell W, Klerman GL (1983) "Double depression": Two-year follow-up. *American Journal of Psychiatry 140*: 689-695

Keller MB, Lavori PW, Mueller TI, Endicott J, Coryell W, Hirschfeld RMA, Shea T (1992) Time to recovery, chronicity, and levels of psychopathology in Major Depression. *Archives of General Psychiatry 49*: 809-816

Klauer T, Fillip, SH, Metzger, K (1985) *Ergebnisse einer Pilotstudie zu Formen der Auseinandersetzung mit schweren körperlichen Erkrankungen: I. Teststatistische Prüfung eines Fragebogenverfahrens zur Krankheitsbewältigung.* Forschungsberichte aus dem Projekt Psychologie der Krankheitsbewältigung Nr. 4. Trier

Klerman GL Weissman MM, Rounsaville BJ (1984) *Interpersonal Psychotherapy of Depression*. Basic Books, New York

Klinkman MS, Schwenk TL, Coyne JC (1997) Depression in primary care – More like asthma than appendicitis: The Michigan Depression Project. *Canadian Journal of Psychiatry 42*: 966-973

Kovacs M, Rush J, Beck AT, Hollon SD (1981) Depressed outpatients treated with cognitive therapy or pharmacotherapy. *Archives of General Psychiatry 38*: 33-39

Kühner C (1994) *Prädiktoren des nachstationären Krankheitsverlaufs depressiver Störungen unter Berücksichtigung soziodemographischer und klinischer Merkmale*. Dissertation, Universität Heidelberg

Kühner C (1997) *Fragebogen zur Depressionsdiagnostik nach DSM-IV (FDD-DSM-IV)*. Hogrefe-Verlag, Göttingen

Kühner C, Veiel HOF (1993) Psychometrische und diagnostische Eigenschaften einer deutschsprachigen Version des Inventory to Diagnose Depression (IDD). *Diagnostica 39*: 299-321

Kühner C, Angermeyer MC (1994) *Ein kognitiv und verhaltensorientiertes Gruppenprogramm zur Rückfallprophylaxe bei Depressionen. Ergebnisse einer Interventionsstudie*. In Hautzinger M (Hrsg.) Verhaltenstherapie bei Depressionen. Therapieforschung für die Praxis 14. Röttger/Schneider, Bartmannsweiler

Kühner C, Angermeyer MC, Veiel HOF (1994) Zur Wirksamkeit eines kognitiv-verhaltenstherapeutischen Gruppenprogramms bei der Rückfallprophylaxe depressiver Erkrankungen. *Verhaltenstherapie 4*: 4-12

Kühner C., Angermeyer MC, Veiel HOF (1996) Cognitive-behavioral group intervention as a means of tertiary prevention in depressed patients: Acceptance and short-term efficacy. *Cognitive Therapy and Research 20*: 391-409

Kupfer DJ (1992) Maintenance treatment in recurrent depression: current and future directions. *British Journal of Psychiatry 161*: 309-316

Kupfer DJ, Frank E, Perel JM, Cornes C, Mallinger AG, Thase ME, McEachran AB, Grochocinski VJ (1992) Five-year outcome for maintenance therapies in recurrent depression. *Archives of General Psychiatry 49*: 769-773

Lambert MJ, Asay TP (1984) Patient characteristics and their relationship to psychotherapy outcome. In Hersen M, Michelson L, Bellack AS (eds.): *Issues in psychotherapy research*. Plenum, New York

Lambert MJ, Hatch DR, Kingston MD, Edward BC (1986) Zung, Beck, and Hamilton rating scales as measures of treatment outcome: a meta-analytic comparison. *Journal of Consulting and Clinical Psychology 54*: 54-59

Lavori PW, Keller MB, Klerman GL (1984) Relapse in affective disorders: a reanalysis of the literature using life table methods. *Journal of Psychiatric Research 18*: 13-25

Lewinsohn PM, Munoz RF, Youngren MA, Zeiss AM (1982) *Der Weg zum seelischen Gleichgewicht*. Otto Müller Verlag, Salzburg

Lewinsohn PM, Antonuccio DO, Steinmetz JL, Teri L (1984) The coping with depression course. *A psychoeducational intervention for unipolar depression*. Castalia Publishing Company, Eugene, OR

Lewinsohn PM, Steinmetz JL, Antonuccio D, Teri L (1985) Group therapy for depression: the coping with depression course. *International Journal of Mental Health 13*: 8-33

Lewinsohn PM, Clarke GN, Hoberman HM (1989) The coping with depression course: Review and future directions. *Canadian Journal of Behavioural Science 21*: 470-493

Maj M, Veltro F, Pirozzi R, Lobrace S, Magliano L (1992) Pattern of recurrence of illness after recovery from an episode of major depression: a prospective study. *American Journal of Psychiatry 149*: 795-800

Maurer K, Löffler W, Kühner C, Ilg C, Biehl H (1990) Psychosendiagnostik und Expertensysteme: Der Vergleich operationalisierter DSM-III-Computer-Diagnosen mit CATEGO-ICD-Diagnosen bei schizophrenen und affektiven Störungen. *Diagnostica 36*: 166-179

McLean PD, Hakstian AR (1979) Clinical depression: Comparative efficacy of outpatient treatments. *Journal of Consulting and Clinical Psychology 47*: 818-836

Miller RC, Berman JS (1983) The efficacy of cognitive behavior therapies: A quantitative review of the research evidence. *Psychological Bulletin 94*: 39-53

Mrazek PJ, Haggerty RJ (1994) *Reducing Risks for Mental Disorders. Frontiers for preventive intervention research.* National Academy Press, Washington DC

Munoz RF (1987) *Depression prevention research directions.* Hemisphere, New York

Munoz RF, Ying YW, Perez-Stable EJ, Miranda J (1993) *The Prevention of Depression. Research and Practice.* The Johns Hopkins University Press, Baltimore

Munoz RF, Ying YW, Bernal G, Perez-Stable EJ, Sorensen JL, Hargreaves WA, Miranda J, Miller LS (1995) Prevention of depression with primary care patients: a randomized controlled trial. *American Journal of Community Psychology 23*: 199-222

Murray HA (1938) *Explorations in personality.* Oxford University Press, New York

Neimeyer RA, Weiss ME (1990) Cognitive and symptomatic predictors of outcome of group therapies for depression. *Journal of Cognitive Psychotherapy 4*: 23-33

Nietzel MT, Russel RL, Hemmings KA, Gretter ML (1987) Clinical significance of psychotherapy for unipolar depression: a meta-analytic approach to social comparison. *Journal of Consulting and Clinical Psychology 55*: 156-161

Nietzel MT, Harris MJ (1990) Relationship of dependency and achievement/autonomy to depression. *Clinical Psychology Review 10*: 279-297

Organista KC, Munoz RF, Gonzalez G (1994) Cognitive-behavioral therapy for depression in low-income and minority medical outpatients: description of a program and exploratory analyses. *Cognitive Therapy and Research 18*: 241-259

Parker GB, Brown LB (1982) Coping behaviors that mediate between life events and depression. *Archives of General Psychiatry 39*: 1386-1391

Perrez M, Reicherts M (1985) *Behavior and cognition analysis of coping with stress by depressed persons. A criterion- and process- oriented measurement approach.* In Huber W (ed) Progress in psychotherapy research. Selected papers from the 2nd european conference on psychotherapy research. Presses Universitaires de Louvain Louvain-la-Neuve: 115-133

Persons JB, Burns DD, Perloff JM (1988) Predictors of dropout and outcome in cognitive therapy for depression in a private practice setting. *Cognitive Therapy and Research 12*: 557-575

Projektträger „Forschung im Dienste der Gesundheit" (1990) *Klinische Studien in der Psychiatrie. Therapie und Rückfallprophylaxe psychischer Erkrankungen im Erwachsenenalter.* Schriftenreihe zum Programm der Bundesregierung Forschung und Entwicklung im Dienste der Gesundheit, Band 14. Bonn

Rabin AS, Kaslow NJ, Rehm LP (1985) Factors influencing continuation in a behavioral therapy. *Behaviour Research and Therapy 23*: 695-698

Robinson LA, Berman JS, Neimeyer RA (1990) Psychotherapy for the treatment of depression: a comprehensive review of controlled outcome research. *Psychological Bulletin 108*: 30-49

Roehrle B (1988) *Fragebogen zur verhaltenstherapeutischen Diagnostik depressiver Störungen. Ein Kompendium.* Deutsche Gesellschaft für Verhaltenstherapie, Tübingen

Rush J, Watkins J (1981) Group versus individual cognitive therapy: a pilot study. *Cognitive Therapy and Research 5*: 149-157

Sanderson WC, DiNardo PA, Rapee RM, Barlow DH (1990) Syndrome comorbity in patients diagnosed with a DSM-III-R anxiety disorder. *Journal of Abnormal Psychology 99*: 308-312

Schwenk TL, Coyne JC, Fechner BS (1996) Differences between detected and undetected patients in primary care and depressed psychiatric patients. *General Hospital Psychiatry 18*: 407-415

Sharpio J, Sank L, Shaffer C, Coghlan D (1982) Cost effectiveness of individual versus group cognitive behavior therapy for problems of depression and anxiety in a HMO population. *Journal of Clinical Psychology 38*: 674-677

Shea TM, Elkin I, Hirschfeld R (1988) *Psychotherapeutic treatment of depression*. In Frances AJ, Hales RE (eds.) Review of Psychiatry. American Psychiatric Press, New York

Shea T, Elkin I, Imber SD, Sotsky SM, Watkins JT, Collins JF, Pilkonis PA, Beckham E, Glass DR, Dolan RT, Parloff MB (1992) Course of depressive symptoms over follow-up. Findings from the National Institute of Mental Health Treatment of Depression Collaborative Program. *Archives of General Psychiatry 49*: 782-787

Simons AD, Murphy GE, Levine JL, Wetzel RD (1986) Cognitive therapy and pharmacotherapy for depression. Sustained improvement over one year. *Archives of General Psychiatry 43*: 43-48

Spitzer RL, Endicott J, Robins E (1978) Research diagnostic criteria. *Archives of General Psychiatry 35*: 773-782

Steinmetz J, Lewinsohn PM, Antonuccio DO (1983) Prediction of individual outcome in a group intervention for depression. *Journal of Consulting and Clinical Psychology 51*: 331-337

Stone AA (1983) Coping and depression. *Archives of General Psychiatry 40*: 1031-1033

Stumpf H, Beloch-Till H (1979) Eine Konvergenzuntersuchung zu deutschen Versionen der „Personality Research Form“ von Jackson, des 16 PF-Tests nach Cattell und des EPI nach Eysenck. *Wehrpsychologische Untersuchungen 14*: 1-86

Stumpf H, Angleitner A (1989) Langzeit-Stabilitätskoeffizienten der deutschen Personality Research Form (PRF, Form KB): psychometrische und differentielle Aspekte. *Diagnostica 35*: 211-216

Stumpf H, Angleitner A, Wieck T, Jackson DN, Beloch-Till H (1985) *Deutsche Personality Research Form (PRF)*. Hogrefe Verlag für Psychologie, Göttingen, Toronto, Zürich

Teasdale JD, Segal Z, Williams JMG (1995) How does cognitive therapy prevent depressive relapse and why should attentional control (mindfulness) training help? *Behaviour Research and Therapy 33*: 25-39

Teri L, Lewinsohn PM (1981) *A comparison of individual and group treatment for depression*. Unpublished manuscript, University of Oregon

Teri L & Lewinsohn PM (1986) Individual and group treatment of unipolar depression: comparison to treatment outcome and identification of predictors of successful treatment outcome. *Behavior Therapy 17*: 215-228

Thase ME (1990) Relapse and recurrence in unipolar major depression: short term and long term approaches. *Journal of Clinical Psychiatry 51*: 51-59

Thase ME, Simons AD, McGeary J, Cahalane JF, Hughes C, Harden T, Friedman E (1992) Relapse after cognitive behavior therapy of depression: potential implications for longer courses of treatment. *American Journal of Psychiatry 149*: 1046-1052

Vander-Voort DJ, Fuhriman A (1991) The efficacy of group therapy for depression. *Small Group Research 22*: 320-338

Veiel HOF (1987) Das Mannheimer Interview zur Sozialen Unterstützung (MISU). *Zeitschrift für Klinische Psychologie 16*: 442-443

Veiel HOF (1990) The Mannheim Interview on Social Support. *Social Psychiatry and Psychiatric Epidemiology 25*: 250-259

Veiel HOF (1993) Detrimental effects of kin support networks on the course of depression. *Journal of Abnormal Psychology 102*: 419-429

Veiel HOF, Kühner C (1990) Relatives and depressive relapse: the critical period after discharge from inpatient treatment. *Psychological Medicine 20*: 977-984

Veiel HOF, Kühner C, Ihle W (1991a) Dimensionen Sozialer Unterstützung und Depressive Störungen: *Bedingungen erfolgreicher Rehabilitation*. DFG-Abschlußbericht. Zentralinstitut für Seelische Gesundheit, Mannheim

Veiel HOF, Metzger-Waidner K, Ihle W, Kühner C (1991b) *Der Fragebogen zur Bewältigung von belastenden Situationen (FBSIT)*. Unveröffentlichtes Manuskript. Zentralinstitut für Seelische Gesundheit, Mannheim

Veiel HOF, Kühner C, Brill G, Ihle W (1992) Psychosocial correlates of clinical depression after psychiatric in-patient treatment: methodological issues and baseline differences between recovered and non-recovered patients. *Psychological Medicine 22*: 415-427

Wampold BE, Freund RD (1987) Use of multiple regression in counseling psychology research: a flexible data analytic strategy. *Journal of Counseling Psychology 34*: 372-382

Weissman AN & Beck AT (1978) *Development and validation of the Dysfunctional Attitude Scale: A preliminary investigation*. Paper presented at the Annual Meeting of the American Educational Research Association, Toronto

Wing JK, Cooper JE, Sartorius N (1982) *Die Erfassung und Klassifikation psychiatrischer Symptome*. Beltz Verlag, Weinheim, Basel

Yalom ID (1992) *Theorie und Praxis der Gruppenpsychotherapie*. Pfeiffer, München

Zielke M (1993a) Zielsetzungen und Funktionen der Gruppentherapie in der stationären Behandlung. *Praxis der klinischen Verhaltensmedizin und Rehabilitation 21*: 6-14

Zielke M (1993b) Förderung und Entwicklung antidepressiven Verhaltens in der stationären Behandlung. *Praxis der Klinischen Verhaltensmedizin und Rehabilitation 22*: 79-96

Zimmer FT (1990) *Tübinger Anhedonie-Fragebogen*. In Hank G, Hahlweg K, Klann N (Hrsg.) Diagnostische Verfahren für Berater. Beltz Test, Weinheim

Zimmerman M, Coryell W, Corenthal C, Wilson S (1986) A self-report scale to diagnose major depressive disorder. *Archives of General Psychiatry 43*: 1076-1081

Zimmerman M, Coryell W (1987) The inventory to diagnose depression (IDD): a self report scale to diagnose major depressive disorder. *Journal of Consulting and Clinical Psychology 55*: 55-59

Zimmerman M, Coryell W (1988) The validity of a self-report questionnaire for diagnosing major depressive disorder. *Archives of General Psychiatry 45*: 738-740

Zimmerman M (1988) Why are we rushing to publish DSM-IV? *Archives of General Psychiatry 45*: 1135-1138

Zis AP, Goodwin FK (1979) Major affective disorder as a recurrent illness. *Archives of General Psychiatry 36*: 835-839

Zung WWK, Magruder-Habib K, Velez R, Alling W (1990) The comorbidity of anxiety and depression in general medical patients: A longitudinal study. *Journal of Clinical Psychiatry 51*: 77-81

Peter Lang · Europäischer Verlag der Wissenschaften

Wolfgang Giegerich

The Soul's Logical Life

Towards a Rigorous Notion of Psychology

Frankfurt/M., Berlin, Bern, New York, Paris, Wien, 1998. 282 pp.
ISBN 3-631-33277-7 · pb. DM 78.– / US-$ 45.95*
US-ISBN 0-8204-3590-2

C.G. Jung's authentic notion of soul was only intuitive, implicit, not conceptually worked out, and he was not always true to what his own notion would have required. His followers forfeit his heritage, often turning psychology into pop psychology or reducing it to a scientific and clinical enterprise. Psychology is not one of the sciences and not a branch of medicine, but *sublated* science, *sublated* medicine. It is the merit of James Hillman's archetypal or imaginal psychology to have brought back the question of soul to psychology. However, a critical analysis shows that a psychology based on the imagination cannot truly overcome the positivistic, personalistic prejudice that it set out to overcome. As polytheistic psychology it also succumbs to nostalgia and misses the real plight of today's soul. Because it has no notion of truth, its "Gods" are shown to be virtual-reality type gods. One has to go beyond imaginal psychology and advance to a notion of soul as logical life, logical movement. Only then can psychology be freed from its inherent positivism and cease being a subdivision of anthropology. The notion of soul is logically released from its attachment to the notion of the human being.

Contents: The "who", "how", and "what" of psychological discourse · Why Jung? · Critique of Archetypal Psychology · Actaion and Artemis

Frankfurt/M · Berlin · Bern · New York · Paris · Wien
Distribution: Verlag Peter Lang AG
Jupiterstr. 15, CH-3000 Bern 15
Fax (004131) 9402131
*incl. value added tax
Prices are subject to change without notice.

FSC
www.fsc.org
MIX
Papier | Fördert gute Waldnutzung
FSC® C083411

Kolibri 360 GmbH
Ferdinand-Jühlke-Straße 7
99095 Erfurt, Deutschland
produktsicherheit@kolibri360.de

Druck:
CPI Druckdienstleistungen GmbH
im Auftrag der
Kolibri 360 GmbH
Ferdinand-Jühlke-Str. 7
99095 Erfurt